日の丸ベンチャー5

withコロナ時代のビジネスモデル改革

早川 和宏

三和書籍

目次

第二部　美と健康のための「和」のイノベーション

第三部 「和」の力を育むイノベーション

プロローグ

「和」のイノベーションと「日の丸ベンチャー」

コロナ禍で始まる二一世紀

新型コロナウイルス感染で始まり、コロナで終わった二〇二〇年……。

東京五輪・パラリンピックが延期になり、日本では安倍晋三首相の突然の退陣、菅義偉新内閣の誕生。アメリカでは、大統領選挙が行われた。

コロナ前とコロナ後で、あらゆるものが大きく変わった。

現在のコロナ・パンデミックが、後にどのように語られるかはさておき、「二一世紀は二〇二〇年から始まる」との識者の指摘も、あながち的外れとは思えない。

「戦争と石油の時代」と言われた二〇世紀が終わって、二一世紀はその反省から期待を込めて「平和と水の時代」と言われた。

最近の表現では地球の持続可能性が問題とされることから、国連が提唱する世界の指標SDGs(持続可能な開発目標)が、常に問題にされる時代だということになる。

SDGsとは、二〇一五年の国連サミットで採択され、二〇三〇年までに達成すべき一七のゴールと一六九のターゲット。一言で言えば「誰一人取り残さない社会の実現」という目標である。

だが、現実はどうか。

コロナ禍がグローバル化並びに金融資本主義の弊害と限界を明らかにしたとはいえ、コロナ後も世界のビジネスは続いていく。そこでは、利益追求とともに企業が行うべきＳＤＧｓは、企業存続のための欠かせない条件でもある。

それはベンチャーといえども変わりはない。すべての企業人は社会生活を送る「市民」だからである。

ＳＤＧｓとともに、語られることの多い企業の社会的な取り組みＥＳＧ（環境・社会・企業統治）は、持続的な企業価値向上のために、必要とされる三つの観点・考え方のことである。

こうした一連の時代の流れから分かることは、企業が本来行わなければならないＳＤＧｓの最初のゴールは「従業員を幸せにすること」ということだろう。

その幸せとは、適正な利潤は別にして、搾取や格差を助長するこれまでの資本主義ではなく、他を苦しめない経済活動により、結果的に得られるもののことであり、そのままｗｉｔｈコロナ時代の生き方に通じる。

日本に伝統的にある「売り手も買い手も世間もよし」という商人の心得「三方よし」による、八方丸く収まる幸せな経済の在り方だ。商い（あきない）とは良く言ったもので、個人的な満足・飽きない行為が、そのまま持続可能なビジネスの在り方になる。それが本来の日本的経営であった。

そこでは、近年の企業社会で当たり前の終身雇用と対極にあるリストラなどは、無能な経営者のやることでしかなかった。

だが、そうも言ってはいられないのが、日本経済の現実でもある。

「和」のイノベーション

世界と日本を比べれば、バブルの絶頂期一九八九年の時価総額ランキングで、世界のトップ五〇社に日本企業が三二社を占めていた。ちなみに、トップ3はNTT、日本興行銀行、富士銀行。「ジャパン・アズ・ナンバーワン」と言われた時代のことだ。

その三〇年後、トップ五〇社に辛うじて残っているのはトヨタ自動車一社だけである。平成の失われた三〇年の間に、日本の国際競争力は一位から三〇位に落ちた。

中国に抜かれ、いまや韓国にも足元を脅かされている日本経済だが、その原因はどこにあるのか。

日本の地盤沈下の原因の一つが、日本的経営によるものだと、多くの経営者や識者が指摘している。

何事も結果は相手あってのことである。戦う舞台・環境が変われば、その時代に相応しい国や企業が登場してくる。

だからこそ、戦後、焼け跡の中から、復興を遂げ、世界第二の経済大国となり、世界で日本的経営が脚光を浴びた時期もあったわけだ。

そんな世界の中の日本の現状に、冷静な目を向ければ、近年の日本の国や企業の歴史も相手の土俵で、ほとんど無理をしなければ勝てないゲームに参加しているようなものだとわかる。

つまり、例外が天変地異による大災害や戦争による困難に立ち向かうとき。文明開化（富国強兵）、災害の克服、経済復興という大目標が明確な状況にあって、大きな力を発揮する。

欧米に追いつけ追い越せという明確な目標があるときには、その実力を発揮するのだが、その目的がある程度達成された後、安定志向が強い日本の伝統的な業界では、既成価値を破壊するようなイノベーションは早々に芽を摘まれることになる。

日本の経済成長を語る上で象徴的なのが、戦後、政府と業界が主導した「護送船団方式」による経済政策だろう。何かと「和」が重んじられる日本では、自分一人だけが抜け駆けするようなことは、ビジネスの世界でも心理的な抵抗がある。

その結果、個人主義的な諸外国に対して、集団主義的な日本では、ある程度の成功に至れば、あとは本来の日本的伝統に基づく行動様式。保守的で内向き、安定志向になって、往々にして「平和ボケ」と言われることになる。

そこからわかることは、大きな困難や目標に立ち向かうときの力とともに、日本が本来の力を発揮できる世界の舞台とは、平和な時代・環境にあってこそということだ。

縄文・弥生、平安時代まで逆上らなくても、戦争のない江戸期二六五年、戦後の七六年の平和に目を向ければ、そこにこそコロナ後の二一世紀の立脚点がある。

それは、現在の日本にイノベーションが起きにくいことと裏表の関係にある。日本の伝統的な「和」のイノベーションは「不易流行」、変わらないことと変わることとのバランスの上にある。あるいは、茶道や武道など、日本の芸事の伝統である「守・破・離」の考え方が「和」のイノベーションということになる。基本的な型を身につけた上で、独自のものを加え、新たな世界を切り拓いていく。

イノベーション（技術革新）とは、ヨーゼフ・シュンペーターの定義では「既存知の組み合わせ」であり、知と知の間の距離がかけ離れているほど、面白いアイデアが生まれることから、技術革新の他、新機軸、新結合と訳される。

一九一二年の著作『経済発展の経営』で、彼は「企業家による新結合（ニュー・コンビネーション）が資本主義を駆動する」と説いている。

では「和」のイノベーションとは何か。

「和」とは、和らぐと書くように「やわらぎ」を与えるもの、状態などを意味する。同時に日本そのもの、日本的なもの。そのベースには、あらゆる対立するもの、個別のものを一つにする作用がある。

辞書を引けば①おだやか、なごやか、②気が合う、なかよくする、③日本（倭）、④数を加えた答え、⑤韻や調子をあわせる、⑥まぜあわせるなどと出ている。英語にすれば、ｃａｌｍ、ｈａｒｍｏｎｙ、ＪＡＰＡＮ、ｔｏｔａｌといった表現になるが、一言にすれば「令和」の「和」同様、「ハーモニー」というあたりが一般的である。

「和」は日本の本質を象徴する語として、聖徳太子の「十七条憲法」第一条にある「和をもって貴しとなす」で知られる。神道をベースに、渡来の儒教と仏教を取り入れた道徳基準を示したものだ。

「和」のイノベーションとは、要は「和」の分野に関するイノベーションであり、日本の伝統文化分野におけるイノベーション、ビジネス面では日本的経営におけるイノベーションということになる。

「和」の経営学

以前「にいがた経済新聞」（にいがた経済新聞社）で「和の経営学」について連載したことがある。

タイトルは「宇宙的『和』の経営を考える〜世界の中の日本と新潟」。連載の第一回目は「元号と西暦のちがいから見えてくる日本型資本主義」について取り上げた。以下、武士道、平和憲法などをテーマに、いくつもの切り口から「和」と「平和」、つまりは日本的経営について論じている。

その際、改めて「和の経営学」に関して調べてみた。資料を探してみてわかったことは、意外にも「和の経営学」を正面から扱った本や論文がほとんど見当たらないことであった。

例外が、例えば「和道経営」を提唱している大和信春著『和の実学』（博進堂）ぐらいなものだ。

そこでは、日本的経営の本質は競争原理の呪縛を超えた互恵原理にあると説いている。競争原理による米国を中心とした現代の金融資本主義は、他の企業に勝つことが企業存続の道であり、そのシステム上のメカニズムは、他人の犠牲を無視して、ひたすら株主と経営者の利益確保を目的とする。和道とは真逆の経済システムである。

江戸時代を源流とする、いわゆる日本型資本主義は二宮尊徳が「経済と道徳」、渋沢栄一が「論語と算盤」という言葉にしているように、倫理道徳と経済行為を両立させる経済システムである。そこでは当たり前に「世のため、人のため」が前提となる。

あるいは「異質なものを共存させる力」との副題がついた長谷川櫂著『和の思想』（中公新書）は、著者が俳人であることから、主に俳句や和歌、美術、建築など日本の文化を対象にした著作で、経営的な視点とは一線を画する。

「賢哲に学べ」の副題のついた武藤信夫著『これから和』（アートヴィレッジ）は、日本の「和」

の思想に着目した著者が、聖徳太子をはじめ二宮尊徳、賀川豊彦、昭和天皇などを例に、日本の「和」について取り上げ、東京電力社長、経済同友会代表幹事を歴任した財界人・木川田一隆の章で「和」の経営について論じている。

一方で「和」と謳ってはいないが、実質的に「和の経営学」を論じているのが、いささか古いが、J・C・アベグレンの名著『日本の経営』の訳者である占部都美・神戸大学経済学部教授（当時）が、一九七八年に著した『日本的経営を考える』（中央経済社）である。

同書によれば、当時は日本的経営の捉え方に関する論争もあり、一連の日本的経営に関する著作・論文が出ている。

ちなみに、長い間、日本的経営について考え続け、その本質について尋ね歩いた占部氏が、最後に到達したのが長野県松代藩士・恩田杢の経営哲学である。

江戸元禄後の苦難の時代に、家老の家柄に生まれた彼は藩財政危機と社会不安の時代に、松代藩の経済奉行として、辣腕をふるい経済を建て直した。恩田杢の事跡は、当時の馬場正方という俳人の手になる『日暮硯』（岩波文庫）として、今日に伝わっている。

著者は恩田杢の事跡を伝える同書を「日本人的経営哲学のもっともすぐれたテキストであると主張したい」と記している。日本人的経営哲学とは、全人的な人間尊重主義による経営哲学ということだ。

「平和」のイノベーション

コロナ後、新型コロナウイルスを敵視する世間の風潮に対して、ウイルスの専門家が指摘していることは「自然界ではウイルスにも存在意義はあり、地球上の生態系バランスを維持する、重要な役割を担っている」ということである。

そこでは、様々な新感染症もコロナウイルスも、人間が自然とのバランスを考えずに、自己の利益の追求に走ったことによる自然環境・秩序破壊の結果から来る、いわば文明の産物である。

日本型資本主義がコロナ後に有効なのは、「和」があらゆる異質なものや対立を融合し、調和、さらには和解へと導くものだからということになる。

自然はそうした「和」、つまりは物質世界と精神世界、実と虚、明暗、強弱、大小等が絶妙なバランスで変化、融合、調和しながら成り立っている。その自然に目を向ければ、自己を基準にあらゆるモノを分けて考える二元論ではなく、利己とは真逆の利他へと至る一元論の世界が見えてくる。

『聖書』には、例えば「汝の敵を愛せよ」、「受けるより与えるほうが幸福である」と、人として排除せず共有することの大切さが説かれている。その言葉にほとんど誰も従うことなく、世界は相変わらず戦争とテロの恐怖に脅かされている。

あらゆるモノに神が宿ると考える日本に対して、0と1からなるコンピュータに象徴されるように、西欧ではすべてを分けて考える。多くのキリスト教信者は、二元論に支配されているため、神もキリストも自分とは異なる存在として分けられる。そこでは『聖書』に書いてある奇跡や言動もキリストのものでしかない。

その人間が神から自然を自由にする権利を与えられればどうなるか。持続可能性が問われる地球、格差やテロに象徴される病んだ文明社会がその答えである。

「和」が経営面ばかりでなく、世界に必要とされているのは、西暦が支配する紀元後の二一世紀が、すでに限界を迎えているためである。

改めてキリスト誕生後の二〇〇〇年を顧みれば、平和はギリシャの時代から説かれ求められているが、いまだ実現することなく、言葉だけが世界中に氾濫している。その現実に目を向ければ、西欧的な発想からは二〇〇〇年来ない平和は、まず実現しないということだろう。

一方、日本には縄文・弥生、平安、江戸という世界でも希有な長い平和な時代がある。日本精神の真髄である「和」の原点は、多くの梟雄が乱立した戦国時代を経て、徳川二六五年の平和な時代を築いた江戸時代に求められる。

礼儀作法・道徳習慣を含めた「和・平和」の文化に基づく剣道をはじめとした武道は、礼に始まり礼に終わる。スポーツとはちがって、そこには勝敗よりも大切なことがあるためだ。

だからこそ、日本では本来、殺人兵器である刀剣が、武士の魂ともされ、美術品・アートになる。江戸城の無血開城に一役買った文武両道の剣聖・山岡鉄舟は、剣の道を究めて、最後に行き着いたのが、剣を捨てるという無刀流（一刀正伝無刀流）である。『武士道』を著した新渡戸稲造は「武人の究極の理想は平和である」と指摘している。

「和」のベースにあるのは「平和」だということである。

日本のマンガ・アニメ

「和」のイノベーションの世界的な成功例は何か？

もっともわかりやすい例は、世界文化遺産となった「和食」である。日本の食文化が世界に通用するようになった背景には、様々な「和」のイノベーションがある。

和食とともに「和」のイノベーションを考える上で、興味深い展開は外国にもオタク、コスプレなどを生んだ日本のマンガ・アニメの果たした役割だろう。

多くの識者が指摘するように、日本のアニメは外国のアニメーションとは異なる。ジャパニメーションと呼ばれ、いまでは「アニメ」は日本のアニメーションを意味する世界共通語である。

典型的な外国のアニメーションは主人公であるヒーローやヒロインがカッコよく、あるいは美しく描かれる。ストーリーが起伏に富んでいて、感動的なドラマがある。そして一話で完結する。

一方、日本のアニメは豊かなマンガ文化の延長線上に成立しており、多種多様なキャラクター、ストーリーを特徴としている。

少年マンガ誌を大人が読む文化があることによって、マンガ同様、アニメも子供だけではなく、大人の鑑賞に耐えるグレードや完成度が自然に要求されてきた。

鉄腕アトム、宇宙戦艦ヤマト、戦隊ヒーローもの、ワンピース、ポケットモンスター、スラムダンク、ナルト、キャプテン翼、クレヨンしんちゃん、プリキュアシリーズなど枚挙に暇がない。あらゆるジャンルで、魅力的なキャラクターが誕生。コロナ禍の中にあっても「鬼滅の刃」の大ヒットは、日本アニメの歴史を塗り替えている。

天才バカボンのパパのような常識外れの人物やルパン三世のような悪役の主人公までいる。ドラえもんに出てくるいじめキャラのジャイアンやアンパンマンの敵役バイキンマンも、単なる悪役ではなく、どこか憎めない設定になっている。一定のファンさえいる。

そこには落語に与太郎が登場するように、彼らを含めて、同じ人間なのだという「和」と「平和」のメッセージがある。

宇宙から地球を救うためにやってきたウルトラマンは「地球の平和」、機動戦士ガンダムも「人類と地球の未来」がテーマである。

日本社会に伝統的に根付いてきた思いやり、おもてなし、モッタイナイ、恥の文化など、言い方は様々だが、そうした日本の「和」の要素は知らず知らずのうちに、マンガにもアニメにも反映されている。

スタジオジブリの宮崎駿監督作品など、全世代が楽しめるものでありながら、単なるマンガやアニメを超えた深みのある内容で、世界的に知られる。

海外から日本を訪れる人々の多くが、日本の自然、伝統文化に感化されるように「和」の伝統的精神文化が無意識のうちに、彼らの心の中に浸透していく。

そうした「和」の文化の持つ力は、いろんなところに現れる。

江戸時代末期から明治にかけて、日本を訪れた多くの外国人が等しく、いい意味での影響を受けた歴史もある。

われわれ日本人が「鬼畜米英」と教えられてきたことなど忘れて、戦後、アメリカ映画や音楽に接して、すっかり親米になり、いまや強固な日米同盟関係を築いている。

反日・抗日運動が時に加熱する一方、多くのアニメファンがいる中国では「中国人が欧米に留学しても中国人のまま帰ってくるが、日本に留学した中国人は半分日本人になって帰国する」と言われている。

多くの日本アニメの世界的なヒットによって、いまでは外国産の〝アニメ〟が生まれるまでになっている。

そうした一連の流れからわかることは、アニメは日本の伝統文化である「和・平和」の文化、考え方を世界に伝える重要なツール・武器ということである。

ソーシャル・イノベーション

何事にもイノベーションが求められる時代に、実はそこに欠落しているイノベーションがある。

そのことを教えてくれる出来事は、9・11米同時多発テロ、3・11東日本大震災などいくらでもあるが、それこそ真に社会的な変革ではないのだろうか。

そう考えたとき、地球規模そして人間社会で起きているすべての問題に、人間そのものの変革「ソーシャル・イノベーション」が必要だとわかってくる。

ソーシャル・イノベーションとは、社会に対する革新的な解決法、既存の解決法より効果的、効率的かつ持続可能であり、創出される価値が社会全体にもたらされるもののことと「ウィキペディア」にはある。

「日本財団」が大きなテーマに掲げていることからもわかるように、典型的な「和」のイノベーションである。

ソーシャル・イノベーションを、初めて大学教育に取り入れた今里滋・同志社大学教授（政策学部）によれば、それは平たく言えば「世直し」、「人助け」、あるいは「現世を天国に近づける人間の営み」だということである。

そのベースにあるのは「ビッグ・ヒストリー」という宇宙の誕生からの大きな世界観によって人間を見る視点であり、放っておけば、かなりの確率で人間社会は破滅を迎えざるを得ないとの認識である。

同時に、その流れを阻止して、いい方向に持っていく責務も能力も人間にはある。その営みこそがソーシャル・イノベーションというわけである。

そこでは当たり前だが、あらゆることが社会を構成する人間の考えと行いによってのみ変わっていく。

二一世紀の今日、その重要な一翼を担うのが「和」と「平和」の日の丸ベンチャーである。

本書に登場するベンチャー企業は、業種や業界は様々ではあるが、いずれもしっかり日本社会に根を下ろしつつ、世界には稀な日本の良さを、広く世の中に伝えるために、日々地道な努力を続けている。

それぞれの存在は小さなベンチャーでしかないが、彼らに期待する多くの熱烈なサポーター、協力者、応援団とも言えるファンやユーザーそして仲間がいる。彼らをつなげるものこそ、愛と理想そして次世代のことを考える人としての使命感である。

その活動とメッセージを知れば、日本もまだまだ捨てたものではないと、少しは明るい気持ちを取り戻せるのではないだろうか。

ひとりシンクタンク２０１０代表　早川和宏

第一部　平和を伝える「和」のイノベーション

●日の丸ベンチャー　第1話

日本精神を発信する「世界のヘヴニーズ!」をプロデュース 株式会社コミテイッド

（東京都調布市／石井希尚代表）

対立から和合の世界へ

世界中で新型コロナウイルスとの戦いが続いて、その影響は止む気配はない。「悪いのはウイルスだ」「何よりも、命が大事」といった声が盛んに聞こえる。

確かにその通りだが、何事も相手を敵と見なし、排除しているうちは、戦いは終わらない。現代人にとって都合が悪いだけで、ウイルスにはウイルスの立場がある。

古来、日本ではあらゆるものに神が宿ると考えられていた。動植物だけではなく、モノにも命があり、神が宿ると信じられてきた。トイレにもかまどにも神様がいた。そのため身の回りのもの、ほとんどすべてを大切に扱ってきた。

日本の対極にあるキリスト教世界でも「聖書」には隣人ばかりか、「汝の敵を愛せよ」と書いてある。その聖書の教えを、肝心のキリスト教徒が耳を傾けることのないまま、つまりは銃を捨てず、世界で戦争をはじめ様々な対立を続けてきた。

「命が大事」という場合の命は、現在では「人間の命」と、せいぜいペットなど、自分に都合のいい命でしかない。

結果、地球上に人間の命だけが蔓延する一方、絶滅危惧種が増えて、持続可能性が問われる地球環境になっている。

と、こんな理屈を述べたところで、あまり意味はない。

だが、古来日本人の、あるいは「聖書」に説かれている考え方、生き方こそが、世界に蔓延する諸問題の真の解決策であるとのメッセージを続けてきたのが、「Ｍａｒｒｅ」こと石井希尚（まれひさ）氏（株式会社コミティッド代表）が、妻とともに率いる音楽一座「ＨＥＡＶＥＮＥＳＥ」（ヘヴニーズ）である。

日本人の原点は歴史と伝統文化によって培われた民族性、和の遺伝子の中にある。

多くの日本人同様、日本以外の国を知ることによって、本来の日本に出会った彼は、現在の分断され、対立に満ちた世界から日本の和合の世界への転換を、世界共通語である「聖書」を用いながらメッセージしている。

まずは多くの日本人が知らない「世界のへヴニーズ」のアウトラインを知るため、初出の会員制ビジネス情報誌『エルネオス』の「ベンチャー発掘!」(二〇二〇年五月〜六月号)を再録する。本書に掲載するに当たっては、他の日の丸ベンチャー同様、多少の手を加えている。

＊　　＊

神国ニッポン

かつて「神の国ニッポン」と言って、世間からバッシングされたのは、東京五輪・パラリンピック組織委員会の森喜朗会長(元首相)である。

だが、フランス人作家オリヴィエ・ジェルマントマ(『日本待望論』著者)やドゴール大統領時代の文化相アンドレ・マルローを持ち出すまでもなく、例えば小泉八雲(ラフカディオ・ハーン)が『神国日本』を明治時代に書いている。

あるいは、日本文化を深く愛する多くの欧米の文化人が同様のことを語っている。要は同じ発言でも外国人が言うと別に問題にならないのだが、日本人が言うとバッシングされる。

残念なのは、当時、森元首相が小泉八雲をはじめとした外国人が言っていることだと反論もせず、またメディア側もそうした歴史的な背景を知らずに、言葉尻を捕らえての批判に終始したことだ。

今日の神道なども、似たような状況だろう。神道の何かを知らずに、相変わらず戦時中の国家神道の呪縛に囚われて、ただただナンセンスだとして排除する。

「聖書」にしても、大半のキリスト教徒がその警句に耳を傾けることも、ましてや実践することもない。同様に、多くの日本人も、聖書の中に和の精神・神道に通じるものがあることなど、知らない。

それは、プロテスタントの牧師にしてミュージシャンとして、妻とともに和楽器＋ゴスペル音楽一座「ヘヴニーズ」を率いる株式会社コミティッドの石井希尚代表も、似たようなものであった。

石井代表は元・米国カリフォルニア州認定牧師（プロテスタント）にして、大和魂（日本精神）を世界に発信するミュージシャン兼プロデューサーという異色の肩書を持つ。

活動の拠点である東京・仙川でライブカフェ「キックバックカフェ」を経営。二十四万部を超えるロングセラー『この人と結婚していいの？』（新潮文庫）など、多くの著作を持ち、二〇一九年夏には小説『逢瀬～横浜に咲いた絶世の花魁～』（徳間書店）を刊行。

アメリカ仕込みの結婚前に受ける「プリマリタルカウンセリング」の第一人者としてのカウンセリング事業、オリジナルウエディングのプロデュースなど、いくつもの顔を持っている。

ヘヴニーズとはヘブン（天国）とジャパニーズ（日本人）をつなげた造語である。つなげることによって、日本人だけではない「天国民」という意味になる。そして「エデュティメント」ライブと銘打たれた公演は、娯楽でありながら「教育」（エデュケーション）として機能するエンターテイメントだ。

公式ファンクラブを持ち、本来であれば、二〇一九年一一月「日本橋三井ホール」での公演に続いて、二〇二〇年四月五日には「日本橋を知れば緊急事態の先が見える！」をテーマに大々的に開催されることになっていた。

だが、まさに緊急事態宣言が取り沙汰される中、公演は延期になった。

「僕はやる気満々なんですが、みなさまが安心してお楽しみいただける状況にないため、苦渋の決断をしました」と、石井代表が胸のうちを語るように、当日はキックバックカフェから、特別ライブ配信が行われた。

日本待望論

二〇一一年一一月の米国ロサンゼルス遠征を皮切りに、海外でもイスラエル、エチオピア、そして二〇一九年五月のエリトリアなど、外務省後援の「音楽外交使節団」として、ツアーを続けてきた。

今なお、その存在を知らない日本人が多いが、実はすでに「世界のヘヴニーズ」なのである。

世界を混乱に陥れたコロナウイルス禍に関して、過去の感染症の世界的蔓延のケースとして、ペストや天然痘などとの比較がなされている。二〇二〇年四月、キックバックカフェから配信された特別ライブは「カジュアルだけどシリアスに、日本の道を考える教養ライブ」である。

過去のウイルス感染症の流行に焦点を当てて、例えば、江戸時代に九州・秋月藩の藩医であった緒方春朔をクローズアップする。

教科書では、天然痘ウイルスは一七九六年、英国のエドワード・ジェンナーが牛痘に感染した人は天然痘にかからないことに着目。天然痘ワクチンを接種する種痘によって、人類は天然痘を克服したことになっている。

だが、日本ではその七年前の一七八九年、緒方春朔が大庄屋・天野甚左衛門の子供たちに、天然痘の瘡蓋《かさぶた》を使った種痘を行って、成功させている。

天然痘克服のために、独自の方法を考案した藩医と、わが子を実験台に差し出した大庄屋の愛と勇気の物語を、石井代表の語りと和楽器＋R＆Bゴスペル音楽に乗せて、盛り上げていく。

その他、いくつかのエピソードを交えつつ、私を顧みず、公を優先する日本人の美徳を見いだし「それが日本人！」と、メッセージする。多くの日本人に自信を取り戻させるためのエールを送って「どうよ！」と呼びかける。通常の公演では、客席から「いいよ！」という声が返ってくる。

とかくゆるい対応を批判される日本のコロナウイルス禍だが、必ずや日本は今回の事態に対しても、世界に貢献する有効策を用意できるはずだと語りかける。

そして、現代の日本人へのメッセージとして石井代表は、フランス人作家オリヴィエ・ジェルマントマ著『日本待望論』(産経新聞社)を紹介する。本の副題には「愛するゆえに憂えるフランス人からの手紙」と書いてある。

著者は単なる日本文化愛好家ではない。現在、日本が失ってしまった日本の伝統的文化、その神髄を日本人以上に理解している。本の最後の部分は滝行体験である。

自国の尊さや価値、使命に目を向けず、誇りも気概も失った日本人に、著者は「日本民族の勇気、万民安寧の礎たらんとする熱誠、自然や神々との緊密な結びつき、歴史の連続性、文化の奥深い独創性などからして、日本こそ、明日の文明の座標軸の一つとなってしかるべきではないでしょうか」「いまこそ日本国民が自己信頼を回復し、自らの『特異性』を発揮すべき時です」と、日本人への手紙の形で本を書いた理由を明かしている。

「音楽とトークによる壮大な歴史絵巻が、R&Bゴスペルと和楽器の絶妙なバランスの中で紡ぎ出される唯一無二のエデュテイメント」とされるヘヴニーズ公演だが、そのベース並びにその先にあるものは『日本待望論』の著者と同じ思いなのである。

日本以外の国を知ることによって、本来の日本に出会った彼は、それまでとは異なる真の日本人としての生き方を始めた。そして、わかったことこそ、日本人が海外では「グッドピープル」として尊敬されていることだった。

その上で「僕は非キリスト教文明の日本がもっとも聖書的で、本家であるはずの西洋は逆に非聖書的だと訴えることが、大きな使命の一つだと思っています」と、強調する。

「世界共通語である『聖書』を用いて、日本の神道の考え方の中に聖書の真髄があると伝えること」が、牧師兼ミュージシャンである自分の役割だと、自らの使命を語る。

拠点となるキックバックカフェは、現代社会で力をなくした教会、神社仏閣、あるいは地域の公民館などに代わるコミュニティ、つまりは「複合的価値創造空間」としての二一世紀の教会というわけである。

信長の奴隷解放

「日本精神」「大和心」「侍の魂」「神代の国」など、ヘヴニーズのリーダー石井代表が日本らしさを語る時、その言葉も内容もバリバリの右翼以上に、過激に思える。

だが、どれだけのいわゆる右翼が、国のためを思い、同胞に勇気と希望を与え、世界に影響力を及ぼしているのかを考えた時、結果的に多くの日本人を失望させてきた、悲しい歴史と現実がある。

言わば彼は「日本」に出会う前に「聖書」に出会って、そこから日本人に目覚めたプロテスタントの牧師である。どこにでもある対立構造に満ちた世界から、日本の和合の世界への転換を促したい思いの強さが、たぶんより右翼的に見える理由だろう。

基本は「中翼」の、牧師として、また平和な舞台でこそ生きるミュージシャンである。

ヘヴニーズ公演は、毎回、趣向を変えながら、その時代・環境に応じたテーマをもとに重要なメッセージを発信している。中には「信長を知ればヒップホップがわかる！」というものもある。

二〇一九年一一月に行われた公演は「大和魂エデュテイメント」として、太平洋戦争当時、FBI（米連邦捜査局）に追われながら、黒人たちの指導者として奴隷解放運動に取り組んだ大分出身の中根中をクローズアップした。その後の人種差別撤廃、公民権法の成立の下地をつくったのが、日本人だったのである。

石井代表はわれわれが教科書で習わなかった歴史をピックアップする一方、誰でも知っている戦国武将・織田信長に着目。宣教師に奴隷として連れてこられた黒人をもらい受け自分の家来にしている。その信長の行為こそ、世界で初めて奴隷を解放した、現代につながるエピソードというわけだ。

そうした歴史の流れの中に、中根中の活動もある。今日、世界の音楽界の主流をなしているR&B、ヒップホップ（ラップ音楽）などのブラックミュージック、ブラックカルチャーは日本なくして存在しなかったという歴史的事実を知れば、ヘヴニーズがゴスペル音楽＋和楽器を用いる理由もよくわかる。

日本人が黒人世界の救世主として崇められていたという事実は、黒人社会に希望を与えるものであったと同時に、今日の日本人にその資格があるのかとの問いを突きつける。

寺子屋学園

石井代表は一九六五年二月、東京・世田谷で生まれた。小・中・高と東京・三鷹にある私立・明星学園に通った。

名物教頭・無着成恭のいた学校で、彼は世の中の矛盾、大人の世界の醜さを知り、一六歳のときに、友人の退学処分問題から学園闘争を始めた。そして、日本初のフリースクール「寺子屋学園」を仲間たちと設立するなど、教育活動家として多くのメディアに登場した時代の寵児でもある。

だが、教育活動を通して、世の中の現実に直面。深刻な人間不信に陥った彼は、高校を中退。寺子屋学園からも手を引き、プロのミュージシャンを目指す。

自分のバンドでコンテストに出場。社会を風刺した「ごきぶり」という曲で、見事優勝した。作曲は石井代表、作詞は俳優の内田良平。明星学園のＰＴＡ会長で、石井代表を気に入って可愛がってくれた。「世の中に復讐してやる！」との一心で、世の大人たちへの憎しみをぶつけた曲である。

レコード会社のディレクターの目にも止まり「日本のＵ２」としてデビューすることが決まっていた。

順風満帆のスタートのはずだが、当時、彼には結婚を考えていた女性がいた。病気療養中で、相手の親からは病気の娘を養っていくにはお金がかかるし、彼のデビューの足手まといになることから、つきあいを止めるように言われていた。

二〇歳の彼は、自分のミュージシャンとしての成功をひとまずリセットして、恋人を救うため、学歴のない彼でもできる完全歩合制のセールスの世界に飛び込んだ。

四〇万円近い自己啓発用「モチベーションプログラム」を、一セット売ると、一〇万円を超えるコミッションが入ってくる。彼女を救うため、一生懸命にセールスに取り組んだ彼は、一躍トップセールスの仲間入りを果たした。

「セールスで得られる収入があれば、彼女を救えるぞ」と思っていると、やがて彼女は面会謝絶となって、会うことさえできなくなった。

「人生、初めての絶望に直面した」という石井代表だったが、そのセールス会社こそ、後の彼を信仰そしてアメリカデビューへと導く出会いの場でもあった。

キリスト体験

彼女とも面会謝絶で会えなくなり、絶望の淵に立った彼を心配した会社の上司が、ある日、共に涙を流しながら「彼女のために祈ろう」と祈ってくれた。

その時「この人は自分の知らない絶望を越えた何かを知っている」と感じた彼は「イエス・キリストを信じるか」と問われて、素直に「信じます」と口にしていた。そして、主イエスの来臨を願って、上司の後に続いて祈り「アーメン」と唱えた。

その瞬間、涙が滂沱のごとく流れて、何かがドーンと天から降ってきた。すべての憎しみや苦悩が消えていく解放感に満たされると、上司から「ハレルヤ！　今日から君もクリスチャンだ」と祝福された。そこは社長もクリスチャンの会社だった。

翌朝、奇跡が起きて、急に動けるようになったという彼女から電話があった。そして、「自分が近くにいると重荷になるから、つきあいを辞めたい」と告げられた。

不思議なキリスト体験をした彼は、一九八五年のクリスマスシーズン、会社のアメリカ研修ツアーに参加。クリスタル・カテドラルの創設者として知られる「ガーデン・グローブ・コミュニティ教会」のロバート・シュラー師から洗礼を受けることになる。

「本当に感動しました。高さ三〇メートル近い礼拝堂の扉が開くと、噴水がブワーッと噴き出す。クリスマスシーズンのイベントだから、本物のロバが出てきて、天使が宙を舞ってと、西洋版スーパー歌舞伎みたいなミュージカルをやっていた。すごいなと、感動して帰ってきました」と、石井代表は当時の興奮を語る。

ジーザス革命

洗礼を受けた彼は、その後も不思議な体験を経て会社を辞めると、東京郊外の小さな教会で、聖書を学びながら音楽イベントを指導した。彼が手伝うことで、教会に若い人が集まるようになった。

牧師のもとで、聖書を学び、彼は聖書の中に日本があることを知る。

塩でお清めをしたり、沐浴して禊ぎをすること、日本の造化三神と聖書の三位一体など神道の伝統の多くが聖書につながっている。

その教会での日々は、結果的に「キリスト教とは何かを知る旅だった」と語る。それは現在のキリスト教が聖書に説かれている本来の姿とは異なるものだという残念な現実を知ることでもあった。

石井代表が「キリスト教は信じるな。聖書を信じなさい」というのも、自らの体験上「今のキリスト教がイエスとも聖書ともかけ離れている」ことを実感しているからだ。

牧師の手伝いをする中で見つけた書物『日猶（ユ）同祖論』を読み、日本にキリスト教文化を伝えたとされる秦氏と神社に関する研究などを通じて、ローマ時代に花開いた政治・権力とつながったキリスト教ではなく、東方キリスト教並びに聖書を中心とする教えを広めている。

ゴスペル音楽と出会った彼は、一九九一年、ポリドール系レーベルより、聖書の物語を歌にした「サマリアの女」でデビューするなど、独自の音楽を展開。日本でのツアーを行っている。

だが、日本のキリスト教の世界に失望した彼は、一九九三年、レコーディングのために再び渡米。全世界四〇カ国に広がるカルバリー・チャペルとの関係が生まれる。

カルバリー・チャペルは一九六〇年代から九〇年代にかけて、アメリカのキリスト教の歴史を完全に塗り替えた一大ムーブメントの舞台となる。指導者であるチャック・スミスは、アメリカ西海岸に屯するヒッピーたちに「ジーザス（イエス）こそが本物のヒッピーだったんだ」と呼びかけて、新しいキリスト教文化、礼拝音楽を展開していった。

そのカルバリー・チャペルの教会で、彼は一般カウンセリング、プリマリタル・カウンセリング、聖書学などを学び、インターンシップ期間終了後、牧師になる。

彼の使命は、日本でもジーザス革命を起こすことだった。その延長線上に「現代ゴスペル音楽の父」と言われたアンドレ・クラウチがいて、その彼がプロデューサーを務めた「ヘヴニーズ」がある。

一九九五年九月、阪神大震災被災者支援コンサート「ゴスペルフェスタ」を企画制作。聖書主義によるＮＰＯコミティッド・ジャパンを設立。妻・久美子と夫婦二人三脚での活躍がスタートする。

一九九七年一二月、カウンセリングや音楽活動の拠点として「キックバックカフェ」をオープン。地域社会に根ざした二一世紀の教会「複合的価値創造空間」として、地元・仙川で大きな存在となっている。

店名の「キックバック」は、リラックスするという意味。そんなカリフォルニア文化を象徴するライフスタイルと、シアトルのテイクアウトコーヒーの第一号店として、いわば日本のカフェ文化の走りでもあった。

二〇〇五年五月、アンドレ・クラウチが来日。キックバックカフェを訪れたことによって、共同で日本の伝統音楽とゴスペル・R&Bなどブラックミュージックを融合したヘヴニーズの制作がスタート。アンドレが目をかけている二人ということから、どんどんアメリカでの人脈が増えて、ヘヴニーズのアメリカデビューへと至る。

音楽外交使節団

ヘヴニーズの音楽外交は、二〇一一年一一月、東日本大震災の八カ月後、陸前高田市の後援によるロサンゼルス遠征から始まった。

翌二〇一二年一〇月には「日米桜植樹百周年記念式典」での国家斉唱。二〇一三年一一月には人種差別の根深い街カンザスシティそしてニューヨークでの公演を行っている。

もともと、最初のアメリカ遠征は、その年の秋に全米ツアーを行うため、プリンスファミリーのシーラEとの打ち合わせに、三月一一日に渡米する予定だった。当日、東日本大震災が起きたため、翌日渡米。アメリカのテレビに出て、日本の状況を伝えて「日本のために祈ってほしい」と語りかけた。そして、秋にヘヴニーズの全米ツアーを行うために戻ってくると、告知を行った。

そのため、アメリカ公演は全米から寄せられた多くの復興支援と祈りへの感謝を伝えるためのものでもある。

そのアメリカで、ヘヴニーズは大歓迎された。ツアー初日、第一曲目から観客が総立ちになった。

洋楽で育って、アメリカに憧れてきた、それも敗戦国である日本からやってきた石井代表が、彼らの前でいわば説教する。そして、憧れの存在であったはずの彼らが、熱狂して涙まで流している。

「もうビックリ。こんなに受けるのか！　一曲目から総立ちになった、あの瞬間は今考えても鳥肌が立ちます」と、石井代表は当時の驚きを語る。

二〇一四年一〇月のイスラエル遠征は、当時のメンバーの知人から「イスラエルに行ってほしい」といわれたため。訪問前、大使館の人から、来日中だった国民的歌手イダン・ライヒェルを紹介されて、彼がエルサレムでのヘヴニーズ公演を見に来ることになった。

ヘヴニーズはどこでも大歓迎されたが、その公演にイダン・ライヒェルが現れたことで現地の大ニュースにもなった。

停戦が合意された後、最初に現地を訪れた海外アーティストとして、石井代表は「イスラエルは平和の都という意味であり、異なる宗教、異なる人種が和合して暮らしている場所である。文字通り、平和の都として、世界の模範になりえる素晴らしい場所なのだ」とイスラエル人、アラブ人双方に通じるメッセージを送った。

二〇一七年一〇月のエチオピア遠征は、イダン・ライヒェルのヒット曲の歌詞に出てくるエチオピア語の発音を習うため、大使館から紹介されたエチオピア人に「なぜイスラエルに行って、エチオピアには来ないのか」と言われて、実現したものだ。

当時、駐日エチオピア大使から「ヘヴニーズは外交官以上の外交をなし遂げた」と感謝されている。

海外遠征はどれも、奇跡としか言いようのない不思議な人の縁によって実現している。

動画ライブ配信

当初、四月五日「日本橋三井ホール」で開催される予定だったヘヴニーズ公演は、五月二〇日に延期。その日も延期となり、結局、六月二一日に行われることになった。

四月の公演が中止になったことで、拠点であるキックバックカフェからユーチューブのライブ配信がスタート。毎週日曜日に配信されている。

そのテーマは「見えない敵はコロナではない」というもの。そして、五月一〇日からのシーズン2「ヘヴニーズ・アット・ホーム」では「コロナウイルスとテレビウイルス」をクローズアップ。石井代表自身の体験を交えながら、聖書研究者として、現在のグローバル社会への警鐘「われわれはだまされている」とのメッセージを伝えている。

高校時代の学生運動で、メディアにはさんざんだまされてきた。それは二〇一九年五月にヘヴニーズのエリトリア遠征でも感じたことでもある。

エリトリアは人権蹂躪国家として、世界中から非難されてきた「アフリカの北朝鮮」と言われる独裁国家として知られる。

そのエリトリアに初めて招待された日本人アーティストとして、ヘヴニーズはエリトリア独立二八周年記念ウィークに登場した。

だが、実際に行ったエリトリアは西側のメディアが伝える姿とはまったく異なっていた。平和で安全で、人々は陽気でフレンドリーだった。その実態は現地を取材した朝日新聞記者やテレビ番組「池上彰のニュースそうだったのか！」でも紹介された。

世界にはニュースからはわからない。日本人が知らないことがいっぱいある。

エリトリアの次は中国行きが取り沙汰されているというが、今のところ、コロナ騒動でどうなるかは未定である。

だが、国内では靖国神社をはじめとする全国の神社での奉納演奏の他、教育活動家として、二〇一九年は世田谷区の小学校でのヘヴニーズ小学生バージョンでの公演授業、大阪の中学校での動画配信授業など、ヘヴニーズの活躍の場はどんどん広がっている。

日本ばかりではなく、対立が目立つ世界が日本の和を象徴するヘヴニーズを求めているからである。

＊　　＊

終戦の奇跡

コロナ騒動に振り回されたのは、ヘヴニーズに限らないが、多くの公演イベント同様、ヘヴニーズ公演も延期され、本文中「六月二一日に開催される」とある公演は、最終的に八月一六日に開催された。

当初のテーマは「日本橋がわかれば緊急事態の先がわかる」というものだが、当日は終戦記念日の翌日であるため「終戦の奇跡を知れば、日本がわかる」に変更。当初、予定されていた日本橋をテーマにした公演は、二〇二〇年一一月二日、一部「日本橋」についても触れながら「Ｆａｋｅ Ｗｏｒｌｄ」に変更して開催された。

八月の公演「終戦の奇跡」は、コロナ禍の中、緊急事態宣言や中央メディアの情報に振り回される世の中を、戦時下の日本を振り返る形で、考え直す内容となっている。どこか現在の日本の状況に重なって見えてくる。

当時、戦争一色の報道の中、現実には敵性語や映画制作、音楽業界などを例に、そのナンセンスさとともに、教科書や多くのメディアで紹介される歴史とは異なり、実はすでに一般社会に浸透していた和と洋の文化を庶民は楽しんでいた。戦時下でも、なおたくましく生きる健全な庶民の一面をクローズアップする。

そして戦争末期、昭和天皇の信頼厚かった鈴木貫太郎首相は、最後の御奉公として、終戦の年一九四五年の四月七日、七九歳で首相に就いた。独走気味の軍部を相手に、紛糾する御前会議の席で、内閣書記長官・迫水久常、陸軍大臣・阿南惟幾の協力を得て、最終的な天皇聖断により、ポツダム宣言を受諾、終戦の幕引きを行った。

天皇の終戦宣言があった八月一五日に、鈴木首相は辞表を提出。東久邇内閣にバトンタッチした。現在の日本があるのは、戦争の終決に尽力した天皇の側近・鈴木貫太郎の存在を抜きには考えられない。

公演のラストで、石井代表はキリスト教牧師から弁護士に転じ、一九一六年（大正五年）に来日したフランスの詩人ポール・リシャールの『告日本國』をクローズアップ。その中の「日本の児等に」という詩を紹介する。

リシャールは「汝の国に七つの栄誉あり、故にまた七つの大業あり」として、日本人たる栄誉とともに世界に対する使命を歌い上げている。

「一、独り自由を失はざりし亜細亜唯一の民！　故こそ自由を亜細亜に与ふべきものなれ」に始まり、七つ目の一節は「萬国に優れて統一ある民！　汝は来るべき一切の統一に貢献せん為に生れ　また汝は戦士なれば、人類の平和を促さん為に生れたり」と、多くの日本を知る外国人同様、日本への期待とともにエールを送る。

戦後、自信を失った日本人に、改めて彼らの言葉に相応しい日本人としての誇りを取り戻させるために、石井代表は日本人のＤＮＡに訴えかける。そんな歌とダンスと絶妙のトークによって、多くの涙と笑い、そして感動のフィナーレへと至る一大終戦絵巻が展開された。

精神革命を起こす

コロナ騒動によって、公演が延期や中止になる中で、ヘヴニーズ石井代表にとって、意外だったのが、ユーチューブでの動画配信ライブに対する反応だった。

当初は四月五日の公演が延期になったため、その代わりに行ったもので、一回で終わる予定であった。

だが、あまりにも毎週やってくれという声が多く「エッ、毎週やるの?」という、まさに驚きとまどいの中で、その後も続くことになった。

八月一六日の公演後も、三〇分足らずと短いが、その日に伝えるべきアメリカからの情報とともに、楽屋トークを交えて配信している。

ライブ配信では、当初からコロナ騒動の真実を感染病専門家の情報を紹介する形で暴いて、いかに科学的知見に基づいていないかを問題にしながら、アメリカ大統領選と関連する貴重な情報を紹介してきた。そして、意外なゲストコーナー、人気のオンラインカウンセリング、教科書には載らない日本人が知るべき歴史トークまで、毎週、二時間を超えるライブ配信が行われている。

八月三〇日のライブ配信では、現場の医療従事者(女医)が登場。報道とは異なるコロナの陰謀の実態を語り、新型コロナウイルスは「第五番目の風邪」であることを伝えてきた。九月六日のライブ配信では、感染症専門の女性薬剤師を迎え、八月一九日から「グランドニッコー東京台場」で行われた日本感染症学会学術講演会での学会長の異例の発言を紹介している。

つまり「このウイルス（COVID－19）は人・社会・国に分裂を引き起こすウイルス」だと発言、大手メディアの果たした役割に疑問を呈していたのである。

一連のライブ配信の内容は、大手メディアが触れようとしない情報ということもあって少しずつ影響力を発揮している。

コロナ禍の中、会場での公演は人数的に制限があるなど、必ずしも有効な手段とはなっていないのに対して、ライブ配信は閲覧数はたかが知れているとしても、はるかに多くの人たちに見てもらえる。「実際に、いままでよりもはるかに多くの人たちに届いているという実感がある」と、石井代表は、その反応について語る。

一連の取り組みは本業のミュージシャン兼プロテスタントの牧師、カウンセラーという以上に、世界にメッセージを送るジャーナリストか社会革命家のようである。

かつて高校を辞めたいと父親に伝えるに当たって、石井代表は「辞めたい」理由を作文にした。そこに彼は「多くの人々の心に精神革命を起こしたい」と書いたという。

その意味では、彼の闘いはいまも続いている。

創作和楽器で邦楽業界に大変革を起こす宝飾専門メーカー 株式会社セベル・ピコ

（東京都葛飾区／二宮朝保社長）

「和」のイノベーション

近年、クールジャパンと言われて、和食、マンガ・アニメなど多くの日本の「和」が世界的に脚光を浴びてきた。二〇二〇年の東京オリンピックこそ、延期になったが、その直前まで日本はインバウンドブームに沸き立っていた。

Ｗｉｔｈコロナの時代に、クールジャパン、インバウンドの行方も不透明なままだが、二〇二五年には大阪万国博覧会が待っている。

コロナ騒ぎが世界中を混乱に陥れる中で、さしたる明確な対応を取らなかった日本が、なぜか重症患者も死亡数も極端に少ないまま推移してきた。

普段からのマスクの着用だけではなく、小学校では手洗い・うがいの励行、清掃など、常に清潔が求められてきた。もともと握手やハグの習慣はなく、お辞儀をする。家の中では靴を脱ぐなどなど。

そんな当たり前の日本人の習慣が、ソーシャルディスタンスが求められるコロナの時代に、改めて脚光を浴びることになる。

様々な面から日本が注目され「和」の文化が見直されつつある、そんな時代に、例外とも言えるものの一つが、邦楽・和楽器の世界であろう。

事実、伝統ある「和」の世界では、イノベーションはなかなか起こらない。

危機感はあっても、歴史の長さが安易な変革を遅らせる保守的な業界では、内部からの変革の動きは期待できない。

そこに立ち上がったのが、遅ればせながら和の音楽に魅せられ、和楽器再興を目指して自ら創作和楽器「シャミコ」を開発することで、邦楽業界に大変革を仕掛ける宝飾専門メーカー「セベル・ピコ」の二宮朝保社長である。

まずは、和楽器業界の置かれた状況とセベル・ピコ二宮社長の取り組みの概要を知るために、ビジネス情報誌『エルネオス』の「ベンチャー発掘！」（二〇一九年九月〜一〇月号）を再録する。

セベル・ピコ

和楽器の危機

近年の邦楽・和楽器の世界で起きている悲惨とも言える状況は、一般社団法人「全国邦楽器組合連合会」による和楽器の販売数データを見れば、一目瞭然だ。

例えば、二〇一七年の箏（琴）の販売数は、一九七〇年の二万五八〇〇から三九〇〇と、半減どころか八五％減。同じく三味線では一万八〇〇〇から三四〇〇の八一％減となっている。

鬼太鼓座《おんでこざ》や鼓童《こどう》がブームになり、多くの若手和太鼓奏者の活躍が目立つ太鼓も、二六九〇から一三〇五に半減（四九％減）している。

要するに、和楽器はこの半世紀の間に、販売数量面では存続さえ危ぶまれる、深刻な危機に瀕している。

＊　　　＊

風前の灯火ともいえる一方、辛うじて津軽三味線がブームになり、今も若手三味線プレーヤーが人気を博している。民謡歌手、演歌歌手を目指す若者も、少なくはない。二〇〇二年からは中学校での和楽器が必修になっていて、中学・高校での部活も活発に行われている。

悲惨な現実の一方、そこにかすかな可能性も見てとれる。

邦楽はなぜ衰退の一途をたどっているのか。なぜ、高校生の部活は活発なのに、卒業で途絶えてしまうのか。理由の一端は、自分で買うには高いこと、修理など扱いが面倒なことなど、よほど好きでなければ、趣味としても続けるのは不可能だからだろう。

邦楽業界の課題を前に、和の伝統文化、並びに和楽器の衰退を押し止め、何とか再興すべく立ち上がったのが、ジュエリー・宝飾部品専門メーカー「株式会社セベル・ピコ」の二宮朝保社長だ。五年前ほどから創作和楽器シャミコ（簡単三味線）の開発を始め、二〇一七年に販売をスタートした。

約一メートルほどの本物の三味線より小型なことから命名された「シャミコ」は、長さ八六センチ。外国人がお土産に持ち帰りやすいように、機内持ち込みサイズになっている「シャミコミニ」は五三センチだ。

三味線を現代風にアレンジ、伝統と革新を融合した「シャミコ」は、本体がラバーウッド（ゴムの木）製でナイロンの糸を弾く。胴部分には縁起ものであり、古来より酒や米を計る計量器として使われてきた升《ます》を利用している。胴皮の部分は、動物の皮の代わりに特殊加工した和紙になっている。

「動物愛護の精神にも適い、製造コストも下げられる。しかも、丈夫」と、三拍子揃った創作和楽器を実現した。若い世代にも受け入れられ、しかも伝統を生かした真のイノベーションというわけである。

イノベーションをはじめとした業界の大変革は、一般的に老舗の大企業や既得権益層からは起こらない。伝統の殻も地方の衰退も、それを打破するのは、そこに欠けている要素を持つ「若者」であり「よそ者」であり、新しい発想のできる「新人」である。

だが、新規事業はリスクが大きい。

「本業の宝飾関係でもそうですけど、大体ヒットして定着させるのに五年ぐらいかかるんです」と語る二宮社長。

やがてシャミコ人気に火がついてブレークする日を前に、着々と布石を打っている。

創作和楽器

二〇一九年六月、上野・御徒町にスタジオ付きの体験施設「和の音交流館」を開設、定期的に「ものこと市」を開催している。

「シャミコで弾く三味線教室」をはじめ「触ってみて！　どんな音・和楽器ギャラリー」「小倉百人一首の世界展」、あこや真珠を貝から取り出す「珠出し体験」などが行われている。夜の部では「和の音公演」もあるなど、同交流館は「次の世代、未来の日本のために、何か役立つことをしたい」と考えた二宮社長が、現在の邦楽の危機を救うため、設立に至ったものだ。

すでにプロモーション用にシャミコを用いた「東京シャミコ音頭」「シャミコでサイコー」も制作。ネット配信するなど、従来の伝統、発想にとらわれないユニークな事業展開を行っている。

シャミコはデザイン性だけではなく、大人から子供までを対象にしているため、簡単に弾けるように工夫されている。

三味線はギターと違ってフレットがないため、素人には扱いづらい面がある。その点、シャミコには糸を押さえる位置がわかるように、竿に数字のシールが貼られている。シャミコ用の楽譜に書かれた数字と同じ場所を押さえれば、誰でも弾ける仕組みになっている。「五分練習すれば、誰でも弾けます」と、二宮社長も保証する。

しかも、楽器は弾くためのものだが、弾くだけでは、普及に限界があることから、シャミコは「日本の心」「東京の粋」を兼ね備えた装飾品として、また行燈としてインテリアにも使えるアイデア商品だ。

胴皮部分に浮世絵や大和絵などの装飾が施されて、内部に組み込まれているLED照明を付ければ、月見うさぎなどの影絵が浮き彫りになるなど、装飾用インテリアとしても楽しめる。

東京都は「TOKYO、TOKYO　Old　meets　New」というアイコンを活用し、東京の魅力を効果的に発信するための取り組みを行っている。オリンピック・パラリンピックを見据えた新たな東京土産として、シャミコは東京都の認定商品（公益財団法人・東京観光財団との共同企画商品）となっている。

シャミコにはベーシックタイプの三合升三味線シャミコミニと五合升三味線シャミコの他、調度品としての高い装飾性のある「創作三味線」、LEDを用いた「行燈三味線」、「影絵三味線」などがラインナップされている。価格もベーシックタイプのシャミコミニの二万八〇〇〇円から、行燈三味線が四万八〇〇〇円と、手頃である。

それにしても、なぜ真珠・ジュエリー関係の会社が、創作和楽器シャミコの開発を手がけることになるのか。そして、現実に新事業として展開できるのだろうか？

そんな疑問も、セベル・ピコのおよそ五〇年の歩みを見れば、シャミコは同社の経験と技術、販促の集大成であることが、よくわかるはずだ。

二二歳で独立する！

二宮社長は一九四七年四月、愛媛県八幡浜市に生まれた。

父親は家具工場を営んでいた。職人を使った家具づくりを見ながら育った彼は、中学校のころには、父親同様、自分も経営者になろうと考えた。

それは家業を継ぐのではなく、長男として早く一人前になって、両親を助けるためだ。「家具作りはモノがデカイために場所ばかり取って、空気を運んでいるようなもの。業界環境が変化する時代に、逆に小さいもののほうがいいんじゃないか」と、地元の県立工業高校機械科を卒業すると、埼玉県にある腕時計外装ケース、文字盤メーカーに入社した。

就職に当たっては、四年間で仕事を覚えて、二二歳で独立すると決めていた。

メーカーの生産技術課に配属された彼は、職場環境と上司に恵まれ、生産設備や生産ラインの技術的問題の解決、新型製品の設計・試作などに従事した。

高度成長期、日本の工業製品の生産増が続き、輸出が増える中、彼は上司から勧められて新規事業のアクセサリーをつくる系列会社に転籍、その後も系列の新会社設立に伴い、転籍することによって、若いながらも時計からアクセサリー、アクセサリー時計など、一連の商品の企画・開発・製造から販売まで一貫して携わった。

一九七〇年一月、二宮社長は当初の予定通り、二二歳で独立。友人と共同で、会社を立ち上げたが、経営方針のちがいから、わずか二カ月で辞職。個人で「アートプラン」を設立、商品開発を始めた。

二人の先輩から仕事を受注して、納品するまでは良かったのだが、代金が回収できずに半年で苦境に陥った。そんな危機を、かつての勤務先の上司に救われるなど、世間の厳しさと同時に、人間関係の重要性を教えられる。

やがて、以前に彼が手がけていたアクセサリーの留め金具の生産ラインが人手不足で止まると、二宮社長に「生産をすべて任せるから引き受けてくれないか」という話が舞い込んだ。これがその後の発展のためのスタートとなった。

関連商品の開発と製造ラインの構築を急ピッチで進め、仕事が軌道に乗った一九七三年六月「株式会社ピコ」を設立。一九八〇年二月には、製販分離して「セベル・ピコ」を設立。八三年には「パーツハウス」を設立。八六年には愛媛工場を建設するなど、変転著しい業界環境の中で、順調な歩みを続けた。

セベル&ピコ

宝飾パーツの専門メーカーとしてのセベル・ピコは、アクセサリー全般を手がける中で金具、特に真珠製品の留め金具というニッチな市場で高い評価を得てきた。

同社が特殊な分野に特化した理由は量産しやすいこと。その上、寿命が長い。一般的なジュエリーが長くても一〇年、短ければ一シーズンでしかないのに対して、一〇年、二〇年は当たり前である。事実、同社の真珠用ネックレスなどに使われる留め金具「C－move（シームーブ）」は、着脱のしやすさ、デザイン性などで、息の長いヒット商品となっている。

企画開発から生産、販売という一貫したモノづくり体制を特徴とするセベル・ピコは、バブルの時代には、多くの日本の製造業同様、生産拠点を地方から、海外へと移していった。

一九九〇年にはフィリピンにセブ・ジュエルピコを設立。九三年にタイ・セベルピコを設立した後、中国・香港にも進出したが、やがて撤退するなど、バブル時代の荒波に翻弄され痛い目にあった。

コピー商品に悩まされ、知財をめぐる訴訟を行うなど、事業は一筋縄にはいかないが、その度に二宮社長は泣き寝入りすることなく、毅然たる対応を取ることによって、危機を乗り越えてきた。

それもまた日々の努力の積み重ねでしかないが、二宮社長の言葉では「運が良かったということでしょうね」という一言になる。

「名は体をあらわす」というが、二宮社長が二二歳で独自に立ち上げたのが「アートプラン」である。その後、法人化にあたってつけたのが「ピコ」である。

ピコはスペイン語の「尖っている、端っこ」という意味である。同時に、一兆分の一という単位を表すことから「ゼロからスタートするにはちょうどいい」ということから命名した。

その後、製造と販売を分離するにあたって、さらにフィンランド語で「旋律、メロディー」という意味の「セベル」という単語を取り入れて、セベル・ピコの社名になった。

その命名は、まるで将来の楽器づくりを予定していたかのようでもある。

二宮社長自身「二二歳のときに始めた原点にもどっている」と語るように「人生には無駄なことはあまりない。無駄と思っていたことが、やがてつながっていって、統合して一つのものになってくる。やはり、諦めないでコツコツとやっていくと、失敗したなと思うことも、後で生きてくる。それが今も続いている」と、振り返る。

知的財産商品

和楽器におけるイノベーションの例は少ないが、シャミコの今後の展開を考えた時、参考になるのが、大正元年（一九一二年）に創作された大正琴だろう。

大正琴は二弦琴を基本にタイプライターをヒントに、ボタンで音階を刻む鍵盤装置付きの弦楽器だ。戦前はアジア等に輸出されるほどの人気を博して、戦後も古賀メロディーに引き継がれたりしている。

ブームは去ったが、一九七六年に日本大正琴協会、一九九三年には社団法人・大正琴協会が設立されている他、今も大正琴メーカーの主宰する教室が全国にある。

大正琴に比べて、シャミコははるかに扱いやすく手軽である。その意味では、大正琴のブームを超える可能性も大いにある。

とはいえ、道は険しい。誰にでもできることではない。

日本のジュエリー・宝飾専門メーカーとして、セベル・ピコは高度成長期からバブルの崩壊という変転著しい業界にあって、五〇年の歴史と信用を築いてきた。

そこには、厳しい時代環境を生き抜いてきた経営者・二宮朝保社長ならではの原則、方針があった。

具体的な一つが、知的財産商品の企画・開発とコピー商品に対する対応である。

バブル崩壊後、近隣アジア諸国が台頭してくると、多くの知財問題が生じてきた。

一九九九年に発売された同社のC－move（シームーブ）は、発売五年で真珠ネックレス・留め金具の主流となった大ヒット商品である。

そのヒット商品の売り上げが、突然目に見えて減少。フォーマル商品のライフサイクルからはあり得ない現象が起きた。

「狙いをつけられた日本のメーカーの商品が丸ごとコピーされた。わが社も狙われて、取引先の担当者からカタログまでそっくりなものを見せられたこともありました」と、二宮社長は、当時の呆れた実態を語る。

しかも、コピー商品と言えば、粗悪品のイメージがあるが、実態は異なる。若干、品質に問題がある程度で、一般の問屋さん、消費者では見分けがつかない。それだけ近隣諸国の技術力が上がってきたわけだが、二宮社長としては、長年培った技術と社員の努力が踏みにじられるのだからたまったものではない。

そこで、多くの企業が泣き寝入りする中、セベル・ピコでは八年間、三つほどの裁判を起こして闘った。

高裁まで行って、多少の損害は取り戻せたというが、それも最低限の特許を押さえていたからである。

シャミコの発想

多くの同業者が、時代環境・市場の変化によって淘汰されていく中で、セベル・ピコが成功できたのは、偶然ではない。

何事も徹底して、最後まで努力を怠らない。それがセベル・ピコの成功の理由であり、シャミコの開発そして販売へと至る原動力なのだ

多くの同業者が手形商売によって消えていくのを横目に、二宮社長は「わが社は不動産では痛

い目にもあってますし、いろいろ失敗もしてきましたけど、創業以来、手形は絶対やらなかった。仕入れも現金で、いままで手形を切ったことはないです」と強調する。

大手時計メーカーとの取引でも、月に一〇〇万円以上の取引では、手形になる。そのため、一〇〇万円以上は納品しないというように徹底している。

同時に、従業員数も一事業での規模を一〇〇人以上にしないと決めて、一工場一〇〇人以上になりそうな場合は、国を変えていった。実際に生産拠点を分散することによって、大きな被害を免れたこともある。

「不動産では痛い目にあった」というが、その後、新たに手に入れることによって、本社ビルの他、東京工場、シャミコ会館、和の音交流館など、多くの不動産を所有している。

マーケットが縮小している中で、今も安定した業績をあげながら、創作和楽器の開発といった新事業にチャレンジできるのも、それだけの余力・体力があってのことだ。

地域で成功すれば、業界でのつきあいも生まれてくる。業界団体・アクセサリー工業会の中心は、三味線や長唄など、お座敷遊びの伝統もわきまえた年配の旦那衆である。付き合えば柳橋・新橋の芸者の話も出てくる。

遅ればせながら、まじめな二宮社長も先輩たちに混じって、その世界に触れて「なかなかいいもんだな」と、いわば日本人の血が騒いだということか。「三味線を習いたい」と思って、実際に新品を購入して、習いにいった。それが、シャミコ開発のキッカケである。

実際に三味線を習い始めて、すぐに気がついたのが、取り扱いが難しいことだ。それなりの新品を買ったつもりだったが、一年も経たないうちに皮が破れてしまった。その三味線はそのまま放置されている。

「こんな面倒臭いモノ、今どきの若者には受け入れられない」

そう思った二宮社長が「モノをつくるのには、いささかの自負と執着心がある。どうせなら、自分でつくってしまえ」と取り組んだ。

それも現代社会に受け入れられる三味線でなければ、作る意味はない。使いやすくて壊れない。値段も手頃で、外国の人たちにも興味を持ってもらえるような「和のコンテンツ」の明確なモノだ。

そこでは、以前から縁あって集めてきた冷泉家由来の所蔵品の他、源氏物語、百人一首などのコレクションも利用できる。

二〇二〇年には東京オリンピック開催が決まっていたこともある。インバウンドブームを見据えて、独自に開発する価値があることから開発に着手、セベル・ピコの新事業となったわけである。

二〇一七年に販売をスタートさせたシャミコだが、開発するにあたって、二宮社長にもセベル・ピコにも、木工の経験もなければ、技術もない。

手の届く価格にするためには、ある程度量産体制を整える必要がある。ところが、既存の楽器メーカーに職人はいても、量産できるような製造環境にはない。

せいぜい、和楽器の需要がまだ多かった時代に、電子用の三味線や琴、プラスチック製のモノが開発された程度である。

壊れにくくて量産できる和楽器の材料を求めて、結局、海外まで出かけて、木工支援をすることによって、ようやく納得できるものになった。

現在のシャミコはゴムの木の廃材を利用したベトナム製だが、今後はフィリピンやタイでも作れるようにしていくという。

糸も絹糸ではすぐに切れてしまうため、漁網や釣り糸に使われるナイロン製である。

皮の部分はパルプ原料の紙を特殊加工することで、強化したモノ。水で濡らして接着後、乾燥させると障子紙のようにピンとなる。犬や猫の皮とちがって、余計な作業が要らないなど、いわば職人技は必要ない。

シャミコ・ミニがスタンド式になっているのも、実際に三味線を習い始めてみて、取り扱いがあまりに大変だったことからだ。その点を何とか解決するにはどうしたらいいかと考えて、どこでも立てられ、インテリアにもなるシャミコになったわけである。

その他にも、実際に取り扱う上でのさまざまな工夫がなされている。

角丸三味線

豊富なアイデアによって完成したシャミコだが、課題も少なくない。模様などバリエーションは豊富とはいえ、大小二種類のシャミコしかないことだ。

「やはりヒット商品にして、世の中に定着させようとすると、五～六機種は欲しい。五機種ぐらいできると、かなり商品力がついてくる。ユーザーについても、幼児からシニアまで、アマチュアからプロまで幅広い層をターゲットにできる」と語る。

もともとシャミコは「角丸三味線」の名称で開発を始めたように、現在発売されている胴の部分が角形のモノと、丸形のモノが想定されていた。

そして現在、新商品として試作中なのが、丸形のシャミコで、すでに量産の準備が進められている。

いかにも二宮社長らしいアイデアは、丸形の胴体部分に、工業用の紙管の芯を利用していることだろう。比較的安くて、量産にも対応できる。

角形と丸形のちがいは、見た目もちがうが、機能的にも太鼓の要素が大きい。津軽三味線同様、半分打楽器としての用途を意図し、工夫を凝らしている。

もちろん、三味線以外にも邦楽・和楽器についても研究開発中である。

「琴に関しても、需要が減っているので、何とか新しい時代にマッチしたものを作り出したい」と、意欲を見せる。

情報発信の場

二宮社長にはやるべきことが多いが、着々と手を打っているのも、和楽器の再興という目標があってのことだ。

現在は「シャミコ会館」がシャミコの企画開発・プロジェクトチームの活動拠点になっているほか、六月にオープンした「和の音交流館」に続く施設として、御徒町駅近くに、琴、三味線、太鼓の道場となるスタジオ付き、イベントスペース。さらに、上野御徒町周辺に三つ目の施設も近々オープン予定となっている。

複数の拠点を持つのは、活動の実態が少しでも周囲の目につく効果を期待できること。練習場にしても、イベントにしても、複数あれば、いつでも使えて、いろんなイベントができるといった狙いがある。

「和楽器の文化、邦楽の分野を支える業界がすっかり小さなものになっている。辛うじて六〇歳以上のシニアの人の耳に残っているとはいえ、若い人たちにはほとんど縁がない。少しでも若い人たちに知ってもらえる仕組みも、自分たちで作っていかなければいけない」

そう考えて、シャミコ会館を拠点に、和の音交流館を道場にして、イベントやお祭りなどをやることによって、少しでも和楽器そしてシャミコの魅力を知ってもらえたらというわけである。

和の音交流館での活動を続けることによって、邦楽のいろんな分野の人たちとのつながり、協力関係も生じてくる。

「事業として、まだ軌道に乗っているわけではないですが、少しでも早く軌道に乗ることを目指して、布石を打っているところです」と、用意周到である。

セベル・ピコ並びに和楽器再興の今後が期待される。

＊　＊

「和」の環境づくり

セベル・ピコの二宮朝保社長と会ったのは、二〇一八年三月、東京のオペラシティで行われた「梨本宮記念財団」梨本隆夫代表理事の傘寿を祝う会でのことである。

もらった名刺の裏には、すでに「日本の心、東京の粋」の文字とともにシャミコの写真が載っていた。当日の世話人である星京子さん（0学占星術）から、ぜひ「ベンチャー発掘！」で紹介してほしいと言われて、その後「和の音交流館」と「シャミコ会館」を訪れる機会があって、ようやく約束を果たせてホッとした、そんな仕事であった。

二宮社長は和楽器だけではなく、広く日本文化、和の精神、天皇問題など、日本の伝統文化を正しく伝えるため、多方面での支援を行っている。そんな一つが、石井マレ・久美子夫妻率いる音楽一座「ヘヴニーズ」であることもあって、不思議な縁でつながっている同志といったイメージがある。

「和の音交流館」が二〇一九年六月にオープンして、次のスタジオ・イベントスペースは諸々の事情から、オープンが遅れている。

そんな中、二〇二〇年は「場所と空間の充実」をテーマにしている。

例えば、和のコンテンツを含めスペースの価値を高めること。しかも、楽しめるような仕掛けが求められることから、様々な取り組みを試みている。

狙いの一つは「仲間づくり」でもある。

二宮社長自身、本格的に三味線を習い始めてみたが、習得することの困難さを痛感した。結果、シャミコの開発に向かうわけだが、困難を極めた理由の一つは同じ目標に向かって、切磋琢磨しながら、楽しさを分け合う仲間がいなかったためだ。

何事も、連れ立って勉強する仲間がいないと続かない。そのため和楽器を習えるだけではなく、続けていくための支えになる場所が「和の音交流館」であり、今後オープンしていく施設というわけである。

すでにオープンしている和の音交流館は、スタジオ機能を持つ地下一階から五階まで六層ある。和の音、つまりは日本の伝統文化に実際に触れる場として、すでに様々なコンテンツ満載の催し・イベントが行われている。

地下一階は「和の音スタジオ」、一階は受付と「日本の音」和楽器店、二階は「和楽器広場」、三階は「セミナー室」、四階は「若紫茶寮（ラベンダーラウンジ）」、五階は「和の音放送室」という構成で、地下から五階までの通路や壁が「タイムスリップ回廊」として、様々な和の要素あふれる収集品が展示されている。

「収益の取れる部分は、全体の四割ほどでいい」との発想で、主たる狙いは和の音交流館としての価値を上げ、人の集まる場所にしていくことである。

「シャミコで弾く三味線教室」の他、津軽三味線、箏（琴）、篠笛・尺八、和太鼓などの和楽器教室。無料体験ができる和楽器ギャラリー、小倉百人一首の世界展の他、あこや貝から真珠を取り出す珠出し体験など、和の要素のあるものすべてが活かされる「和のものこと市」が開催されている。

二宮社長は、自らの役割について「自分の立ち位置は、場の提供と一部楽器づくりで、私自身は演奏家ではない。自分で演奏するのは、あくまでも楽器の性能を確認するためです」と語る。

そうした場として利用できる空間を作っていく。その上で「和楽器並びに和の伝統文化に関わる人たちが、よりすそ野を広げるという意識を、まずは持つこと。そこから仕掛けていかないと、とても和楽器の復活・復興するエネルギーにはならない」と、様々な施策を自ら率先して仕掛けている。それこそが、二宮社長の使命というわけである。

シャミコ版津軽三味線

二宮社長が場と空間づくりにこだわるのも「和楽器の選択幅を広くして、一度、縁あって和楽器という網の中に入ったら、できるだけ逃がさないという環境づくりが大事だと考える」からである。

保育園・幼稚園など、積極的に幼児教育の現場で和楽器に接する機会をつくっているのも、その一環である。

オモチャの代わりに、和太鼓に限らず、例えばシャミコを手にすることによって、関心を持ってもらえる。そのためにも、子どもたちが家族で来て楽しんでもらえる空間、居場所が必要となる。すそ野を広げる上で、創作和楽器シャミコの当面の課題は、プロ用のシャミコの開発である。

セベル・ピコでは、現在、実際の三味線人気を支え、多くのプロが使用している津軽三味線のシャミコ版の製作に取り組んでいる。

津軽三味線は少し大振りで、通常の弦楽器としての用途だけではなく、打楽器の要素もある。いかにも二宮社長らしいのは、楽器の開発にあたって、まずは自分で弾いてみないことには本質が掴めないからと、実際に津軽三味線を習っていることだろう。

習ってみれば「通常の三味線とは全然ちがう」というぐらいで、シャミコ版津軽三味線の開発には、これまでのシャミコにはない苦労もある。

セベル・ピコでは、本業の営業に関して、営業現場に多い体力勝負ではなく、地道な工夫を行ってきた。それだけに、もともとテレワークに強い体質といえる。事実、二〇一九年には新たにネット環境の整備に、多額の投資を行っている。まるでコロナ禍を予期していたかのような動きである。

しかも、コロナ騒動を味方に、例年は中小企業では採用できない優秀な新卒、外国人を採用し即戦力にしている。

新たにシャミコ営業部隊もできてきた他、社外にシャミコ販売会社を設立したいという人物も現れている。

シャミコの営業強化とともに、邦楽業界再興のためには三味線だけでは広がりがない。和楽器でも三味線よりも箏（琴）が好きという人もいるため、創作和楽器としての箏（琴）の現代版も、すでに構想中だという。

それらの動きすべてが、今後のシャミコの展開と同時に、和の音交流館をはじめ和の伝統文化の拠点づくりにつながり、二宮社長が今後、展開したいと考えている新事業のベースとなっている。

日本発の健康ジム

「和の音交流館」など、和の拠点づくりを実験的に始めてみて、あるいは施設をつくってみれば気がつくことはいろいろある。そんな一つが、防音装置が完備されているスタジオは、十分な需要が見込めるということであった。

実際に、音を気にしないで演奏できるため、和太鼓チームの練習拠点になっているだけでなく、社員教育関連でも、地獄の特訓ではないが、大声を出して、自分の殻を打破できる、自己啓発の場としての利用法もある。

単純に大声を出すことは、自分に気合を入れるだけではなく、それまでの自分を解放する効果があって、新しい自分の発見につながる。

セベル・ピコでは新たに「日本の音」という登録商標を取得。和楽器業界並びに和の伝統文化を盛り上げるための施策を、積極的に仕掛けていく。具体的な秘策が、防音装置付き〝和の道場〟を全国にチェーン展開していくというものだ。

ヒントになったのはカラオケボックスである。日本発のカラオケブームの結果、いまでは全国どこでも「あってあたり前」の存在になっている。

某カラオケメーカーが本社ビルそばで、高齢化社会を見据えて、生涯現役のためのリハビリ施設を経営していた。スポーツジムの他、自社のカラオケルームも備えていた。

「スポーツジムには、いろんな健康機器が置いてある。私も自転車漕ぎをやってみましたけど、高齢者にはちょっときつい。第一、楽しくない」

メーカーの担当者の話では地元行政の協力を得ているが、それでも採算は取れないということであった。

しかも、和太鼓の演奏ができる「日本の音」スタジオを展開するには、カラオケボックスをはるかに超える性能の防音システムが必要になる。

用意周到な二宮社長は、環境の異なる場所での防音システムスタジオに関して、次々と実験を続けている。

和の音交流館に続く実験台として、例えば、地下商店街ではできるのかをテーマにした雑多な店の入った地下街でのスタジオ。もう一つが、オフィス街ではない住宅地での展開である。前面が道路で、周囲はマンションという立地で、防音装置のあるスタジオがすでにつくられている。

その先の狙いについて、二宮社長は「三カ所実現できたら、その運用経験をもとに、チェーン展開したいんです。理由は、太鼓というのは体を動かす。ものすごく運動になる。その意味では、欧米式の健康ジムはたくさんあっても、日本発の健康ジムはない。和の太鼓エクササイズがあってもいいのではないかと思って、いまノウハウをつくりあげています」と、今後の構想の一端を語る。

要するに、経営者の観点からは、和の空間づくりもあくまでもビジネスの一環なのである。ビジネスにならなければ、存続自体が難しいが、ビジネスにするには必要な機械や設備、環境を整えることによって世の中に定着させていく必要がある。

同時に、そうした場さえあれば、演奏家たちの活躍する場になり、その演奏を見て、自分もやりたいというファンが増える。地域のお祭りがちょっとしたことをきっかけに、復活するように、各地で和楽器人気が湧き出るように復活する。

防音装置を備えるため、設備投資に資金がかかるが、健康ジム＋誰もが楽しめる遊び空間を十分に備えていけば、ただ練習に来るのではなく、様々なサークル活動や地域のコミュニティ空間などを兼ね備えた刺激的な場所になる。

実験的な取り組みを始めた二宮社長は、そんな手応えを感じているという。

いまは地方に限らず、東京でも駅前のいい場所にシャッター通りがいっぱいある。

そうした場所や地域を利用することによって、地域の活性化とともに、和の伝統文化の復興にもつながる。

日本発健康ジムを、いかに実現可能なものにするか。そのための魅力的なビジネスモデルづくりが進んでいる。

シャミコ版津軽三味線の完成とともに、日本発健康ジムなど、セベル・ピコによる和の環境づくり、その広がりが期待される。

●日の丸ベンチャー 第3話

楽器挫折者救済を通して、世界の音楽愛好家を増やすQu·iree株式会社

（東京都中央区／きりばやしひろき社長）

平和のイノベーション

コロナ禍で多くの業界が打撃を受けているが、イベントやコンサートが中止になった音楽業界も例外ではない。だが、意外なことに、自粛生活・巣ごもり需要によって、全国の楽器店では一万円程度の手頃なギターが売れているという。

コロナ不況下、明るいトピックスのようだが、喜んでばかりはいられない。

音楽・楽器業界の課題は、楽器が売れても、その半数以上が脱落していくという構造的な楽器

挫折者の増加を食い止めることができないことだ。

そんな業界の宿命とも言える課題を解消すべく、長年、地道な「楽器挫折者救済合宿」などの活動に取り組んできたのが「叫ぶ詩人の会」最後のメンバーであるきりばやしひろき「株式会社Ｑｕｉｒｅｅ（キリー）」社長である。目的は楽器挫折者を救済し、再び楽器に向き合うことによって、ミュージッククラバーズ（音楽愛好家）を増やすことだ。

二〇一七年にはギター挫折者をゼロにするための演奏アシストツール「カクタス」を開発。ミュージシャンから、慣れないメーカー役を担うことになった。

音楽愛好家を増やすことを目的にするのは、これまでの活動を通して、楽器に向き合うことで、確実に人は優しくなるという手応えを実感しているからである。

だが、平和のイノベーションは難しい。

二〇一六年のノーベル文学賞は、大方の予想を裏切って、まさかの音楽界からボブ・ディランが選出されて、世界をアッと言わせた。

選出理由は「米国の歌の伝統に新たな詩的表現を創造した」というもの。彼のライフスタイルと、曲の歌詞並びにメッセージが、ノーベル文学賞受賞に相応しいほどの人気と影響力を世界に与えてきたためである。

ボブ・ディランに限らず、ビートルズ、ジョン・レノンなど多くのミュージシャンが、音楽という舞台を超えて、社会的な影響を及ぼしてきた。彼らの活動そして音楽のベースにあるのが

「ラブ&ピース」というメッセージである。要は、常に平和がテーマになり、愛が歌われてきた。「聖書」を持ち出すまでもなく、愛も平和もギリシャ・ローマの時代から説かれてきた。音楽に限らず、哲学も文学も、常に愛と平和をテーマにしてきた。

二〇〇〇年後のいまも、愛と平和を求める声、言葉だけは世界に満ちている。

第二次世界大戦が終わって、日本は豊かになり、七六年の平和な時代を過ごしてきた。その一方、いまなお紛争という名の戦争とテロの恐怖に支配される世界に目を向けるときこれまで多くのミュージシャンによって繰り返し歌われてきたラブ&ピースのメッセージが、実は届いていないという残念な現実が透けてみえる。

「愛と平和」を実現するため「地球の全人口七二億人の一割をミュージッククラバーズにする」との「キリー」きりばやしひろき社長の夢の取り組みについて、まずは「ベンチャー発掘!」(二〇一七年七月〜八月号)を再録し、末尾にその後の意外な展開を紹介する。

＊　　＊

教育者の使命

人生に〝挫折〟は付きものである。大きな挫折から小さな挫折まであるが、乗り越えてみれば、何でそんなことに躓いていたのかわからないことも少なくない。

挫折問題に真摯に向き合えば、勉強も仕事もできる人間は、なぜか生き生きと楽しそうにやっている。そこでは端から「苦労」としか見えなくても、当人は熱く燃えている。モチベーションは十人十色だが、やればやっただけのものは得られる。そんな充実感、やりがい、喜びが見て取れる。

挫折を乗り越えさせたものは何なのか。

それは、勉強あるいは仕事を前にして、本人の心に火がついた結果だ。音楽や美術なら作品に接して衝撃を受け、その感動が心のスイッチを入れる。勉強や仕事でもちょっとした発見や体験によって、興味や追求へのスイッチが入る。

心に火がついて、スイッチが入れば、その後の作業に苦労はあっても、充実した楽しい時間になる。そこに教育の本質がある。それこそ教育者最大の使命である。

ビジネス社会では有益な研修や能力開発のもたらす効果でもあるが、音楽・楽器に関する〝挫折〟に向き合い、二〇〇三年から「Q‐sai@楽器挫折者救済合宿」なる活動に取り組んできたのが、Quiree株式会社（以下、キリー）のきりばやしひろき社長である。

きりばやし社長は高校卒業後、インディーズブームの先駆けバンド「ラフィンノーズ」のサポートメンバー（ドラム）としてプロデビュー、「叫ぶ詩人の会」でメジャーデビューする。いずれのバンドもその活動ぶりとともに、事件が絡んで活動休止・解散に至るなど、当時のバンドブームの中、いわば時代の先端を駆け抜けてきた。

その後、楽器挫折者救済合宿（三日間）を始めて、現在までに延べ二四〇〇名ほどの参加者を集めて、今も増え続けている。

「キリー」の設立は3・11東日本大震災が起きた二〇一一年の一二月。設立あいさつには「音楽業界、楽器業界、出版業界、その他エンターテイメント全般を通じ、果ては日本を、あわよくば世界を元気にしたい、という志を胸に、このたび各方面でご活躍されている諸先輩方から多大なるご協力を得て、個人的には今にも蕁麻疹の出そうな〝株式会社〟というものを設立し、ぎこちない第一歩をようやく歩み出したところです」とある。

キリー設立自体は楽器挫折者救済合宿の企画運営をはじめ、ミュージシャンきりばやしひろき個人の仕事のためのものであり、関連する業務内容は多岐にわたる。だが、そこに製品づくりが加わることになるとは思っていなかったはずである。

慣れないメーカー役を担ったのが、二〇一七年六月に発売された、「救済合宿」と株式会社ユニ研（岐阜県中津川市）が共同で開発したギター演奏アシストツール「Ｑａｃｔｕｓ（カクタス）」（二三〇〇円＋税）である。

「ギター挫折者をゼロ」にのキャッチコピーに「すべての楽器演奏未経験者が、その場で経験者になれる」「Ｑａｃｔｕｓ、Ｑａｃｔｕｓｃｏｒｅ（カクタスコア）の併用によりギター演奏に革命を起こしました」とある、夢のようなスターターキットである。

開発から発売まで、三年がかりだったという発明品は、一四年間の救済合宿の体験から生まれた、いわば愛と努力の結晶だが、既存の音楽業界関係者にはなかなか理解してもらえない。

「実際に世の中にないものだから、価値がわからない。話してもピンとこないんです。しかも、大手企業はリスクを取りたくないから『製造はしない』と。結局、自分でやるかとなってできたのが、新製品です」ときりばやし社長はメーカー役となった顛末を語る。

演奏アシストツール

サボテン型のツール「カクタス」の使用法は、ザックリ言うならば、ギターに装着すると、開放弦が使えるようになる。通常はチューニングして、右手でジャラーンと弾いても調和しない。それがカクタスをつけると、要は「弾けている」という感覚が得られる。

ある程度の技術があれば、同じ曲の演奏やコード進行を、必ずしも譜面通りに弾かなくても、少し変えたり省略したりすることで、素人がやれば単なる失敗に思える作業が、個性のようなものに転換していく。同様に、カクタスを使った場合、本来、複雑な指遣いの必要なコードが指一、二本使うだけで弾けてしまう。

挫折者はギターのチューニングから始まって、糸巻き、弦の押さえ方、コード進行、ピックの使い方などなど、どこで挫折するかわからない。カクタスは挫折をする前に、演奏する楽しさを得ることができるツールとして、またギターのフレットをつけるだけで、ギターの状態が正常かどうかのチェックもできる。

とはいえ、カクタスは簡単に弾けることが目的ではなく、左手の作業を簡略化させることで、それまでほとんど意識していなかった右手の重要性を理解させて、それまで自分で弾いていたギターの音が、劇的に変わる。その変化に、ある種感動を覚えて、ギターを上手に弾くための「作業」から音楽を奏でる、楽しい「演奏」になる。

カクタスを使うための教材「カクタスコア」を併用することによって、さまざまな曲の演奏が一、二時間でできるようになる。演奏の楽しさを知れば、あとは上達が早いのは「好きこそ物の上手なれ」ということわざ通り。

カクタスの商品説明には「軌道に乗れたらカクタスは卒業」と、次なるステージに進むことをメッセージしている。自転車に乗れるようになれば、補助輪を外したくなるようなものである。

世界市場独占

二〇一七年六月に発売されたカクタスは、発売日を前に予約でアマゾンランキング一位になり、アッという間にソールドアウト。生産体制を整えて、販売を再開するが、国内だけでもそんな状態のところに、さらに海外からの注文もあり、その対応に追われている。

カクタス発売後の確かな手応えについて、きりばやし社長は「予期せぬ展開が毎日のように起こり続けて、二〇一八年は世界を相手にして、合宿のため日本に帰国する生活になるのではないでしょうか。「二〇〇カ国独占市場」なので、きちんと文化的にカクタスを世界中に定着させ、数百年循環し続ける習慣として根付くまでは、世界中を飛び回るつもりです。たぶん、世界がちょっとだけ平和になっちゃうと思います」と楽しそうに語る。

そのカクタスの発売前、海外展開に関しては「とにかく知ってもらうことが第一で、輸出する分に関しては利益は出ないと思う」と控えめに語っていた。

しかも、カクタスに次ぐ発明品も進行中である。その一つが打楽器用のもので、実際のライブで演奏する感覚を味わえる。つまり、ライブに接する機会があれば、自分も楽しく周囲にも音楽の魅力を伝えられるというアシストツールである。

こちらは自社では製造せず、海外規模のシェアを持っている大手楽器メーカーに、世界展開してもらうことを条件に、すでに権利譲渡書にサインしてきたという。

カクタス発売後の展開は、ネットで世界がつながる時代。二〇一八年は世界を駆けめぐるという、その先には当然、ベンチャー起業家としての成功の道も見えてくる。

成功が目的ではないが、音楽業界にとっては、久々の明るい話題である。何しろ、昨今話題になる音楽関連のニュースは、例えばＪＡＳＲＡＣ（日本音楽著作権協会）が二〇一八年から音楽教室で使用する楽曲にも著作権料を請求すると発表して大騒ぎになるなど、景気のいい話は少ない。

事実、それで音楽好きが増えて、音楽業界全体が活性化するならともかく、実際には逆効果だというのが、大方の予想するところである。

あるいは、バンドブームから中学・高校のブラスバンド、軽音楽部人気が沸騰。部員が殺到するのはともかく、その現実は顧問の先生はいても、全員の面倒など見られるはずもなく、中途半端な音楽好きニートや楽器挫折者をつくり出している。それがブームの実態でもある。

音楽の持つ力を実感しているきりばやし社長が、カクタスを教育現場にぜひ導入したいと思うのも、カクタスには、そんな現状を変える力があるからである。

救済マジック

レコードからCDそして音楽配信へ、音楽を聴くツールも環境も変わっていく中で、多くの家庭に使われていない楽器がある。そうした現実は、音楽業界が音楽人口を増やす一方で、いかに多くの挫折者を生み出してきたかのわかりやすい指標である。

楽器挫折者救済合宿とは読んで字のごとし。楽器を弾きたいと思って挫折した人たちを救済するものだが、挫折の中にはチャレンジする前に挫折している未経験者も含まれる。挫折者としては、圧倒的に数が多い。

そんな楽器経験ゼロの未経験者に、三日間で好きな楽器を弾けるようにする。難しいのは当然だが、実際に一四年間に多くの未経験者を救済している。

アコースティックギターに挑戦したいという四〇代後半の女性Aさんの場合。

最終的に人前で弾き語りができるようにという夢に向かって、まずはギターの弦を押さえるセーハどころか、慣れれば簡単なコードでも、チェンジの際の指の動きに時間がかかる。そのため、押さえ易いコードに変えるなど、少々の逃げ道を用意する。

いわばハードルを低くする。その手法をきりばやし社長は、困難をできるかぎり避けて通る「救済マジック」と称する。

そして、実際にバンドを組んで、ポピュラーな曲に挑戦すると、今度は右手の使い方で行き詰まる。その度に修正を加えて、最後はみんなの前で演奏する。まだまだ未熟な腕前なのに、バンド仲間と一緒だと、周りに助けられて、また自分の役割も意識できて、一人で弾いているのとは違う喜び、楽しさがある。

そこでは四人のバンドなら、四人の力が二倍にも三倍にも感じられる感覚上の化学反応「アンサンブルマジック」が生じる。そんな奇跡のような体験を通じて、音楽そしてバンド演奏にのめり込んでいく。

実は音楽経験「ゼロ」の人を「一」にするため、楽器メーカーや音楽業界は何一〇年も前からさまざまな取り組みを行ってきた。それが彼らの仕事である。だが、思うようにできていない。

「そこが一番難しいんです。一の人を一〇〇とか一〇〇〇にするのはできるんです。ゼロを一にするのは、すごく難しい。その限りなく難しい高純度のゼロに向き合いたいと思います」と熱く語るきりばやし社長の言葉と姿勢は、日本の音楽業界、教育関係者が本来やらなければならないことを、ほとんど一人でやってきている。いわば、音楽界における「宣教師」のようなものである。

布教活動のごとき救済合宿の目的は「ミュージックラバーズ（音楽が好きでたまらない人たち）を増やすため」である。

しかも、目標は大きく、地球上の人口のおよそ一割。七億二〇〇〇万人のミュージックラバーズをつくりたいというもの。理由は大半の音楽のテーマとメッセージは「ラブ&ピース」だからである。音楽好きが増えれば、それだけ世界は平和になる。

だが、現実問題として、七億二〇〇〇万人という数字は大きい。救済合宿ではとても追いつかない。いかに音楽未経験者を音楽好きにしていくか。音楽・楽器人口の分母を増やすためのチャレンジの一つが、今回の新製品であり、今後出てくるはずの打楽器をはじめ同様の発明品と、さまざまな活動である。

アンサンブルマジック

ゼロから一にする。その困難に立ち向かう自信のベースにあるのは、彼自身が高校までまったく音楽に縁がなかったからでもある。一九七一年一〇月、山梨県南巨摩郡で生まれたきりばやし社長は、いまでこそいくつもの楽器を弾けるが、音楽とは無縁の環境に育った。

小学校から少林寺拳法を習っていて、中学では全国大会に出場した経験がある。

初めて音楽に関わりを持つのは、高校入学後、サックスをやる親友に誘われて入った吹奏楽部であった。

地元の進学校で、県下の合唱やブラスバンド演奏で知られる中学出身者が集まってくる。。大半が楽器経験者の中で、彼が選んだ楽器は出番の少ないバリトンサックス。

だが、真面目に取り組んで、音が出るようになっても、さすがに面白くはない。「辞めようかな」と思っていた矢先、テレビのバディ・リッチのドラム演奏に目が釘付けになり「自分もあんなふうに叩きたい」と、俄然、音楽に興味が湧いてきた。

数日後、初めてのバンドアンサンブルの練習に、拙いながら参加する。そこで彼は鳥肌が立つようなアンサンブル・マジックを体験し、音楽の力を実感する。

以来、楽器への情熱が一気に燃え上がり、憧れのドラムを手に入れ、見よう見まねで叩く音楽一筋の日々が始まる。

やがて、学校でも打楽器を担当するようになり、部室のドラムセットを自己流で叩いていたある日、吹奏楽部のＯＢが現れて、大目玉を食らった。

「何の基礎もできてなくて、何でスネアドラムを叩いているんだ！」と言って、古い机とメトロノーム、マーチング用の極太スティック二本を持ってきた。そして、机の中心に「×」印を書いて、その印に向けてスティックの先端を当てていく練習を命じた。

先輩の言うことは無視できないが、それでも「何で、こんなことを」と思いながら叩いていると、ある時、ビックリする瞬間がやってきた。

メトロノームの刻む音にスティックの音が重なって「音が消えた」のである。正確なリズムに合わせて、五分ほど音が全然聴こえない。意外な発見に、その現象が面白くなり、いわば基礎が乗り越えられたわけである。

高校卒業を前にした期末試験の日、彼は試験をサボって大好きなロックバンドの解散コンサートに出かけた。

当然、大問題になるのだが、彼の人生を決する選択と決意に理解を示してくれた恩師・学年主任の先生のおかげで、停学にもならずに、事なきを得た。その時に「今回のことは絶対に忘れるなと言われて、その後、中途半端なことはしなくなった」という。

そんな音楽との出会いがあったからこそ、彼は挫折者の気持ちと、それを乗り越える音楽の力の両方を知っている。そして、七億二〇〇〇万人を目標に挫折者救済に向き合うわけである。

とはいえ、それだけで一四年間も救済合宿を続けられ、七億二〇〇〇万人のミュージッククラバーに変えようという活動の理由にはならないだろう。そこには、もっと強烈な出会いがあって、当然である。

救済合宿のひな型

高校で音楽に出合って、卒業後、プロを目指して上京した一九九〇年春。ロックバンド「ラフィン・ノーズ」のサポートメンバーとして、プロとしての活動をスタートする。

一九九四年にはポエトリーリーディングバンド「叫ぶ詩人の会」で、メジャーデビュー。叫ぶ詩と音楽という過激なスタイルで、日本の音楽シーンに強烈な印象を残した伝説のバンドは、一九九七年一一月、アルバム『ベルリン発プラハ』リリースに伴う全国ツアーを前に、メンバーが覚醒剤所持のため逮捕されて、活動休止に追い込まれる。

その後、活動を再開するが、一九九九年のアルバム『GOKU』発売を最後に、無期限活動休止を発表する。

音楽とは本来、異なるフィールドで活動してきたドリアン助川が始めた叫ぶ詩人の会への参加は、きりばやし社長のミュージシャンとしての活動の幅を広げる出合いとなり、その後の音楽人生に大きく影響する。

その一つは、一〇歳近く年長のドリアン助川から音楽以外の世界への目を開かれたこと。もう一つは、ほとんど楽器を弾けない彼らのレコードデビューに、急遽、音楽サポートとして参加。何とかレコードを出せるまでにしたこと。

現在の楽器挫折者救済合宿のひな型は、その体験を踏まえた叫ぶ詩人の会ファンクラブのために企画されたファンサービスの一つであった。

多くの歌手やバンド同様、叫ぶ詩人の会にもファンクラブがあって、年に一～二回、一緒の海外ツアーを行っていた。

いかにも叫ぶ詩人の会らしいのは、ドリアン助川の詩に歌われている世界の、例えばプラハの収容所やゲットー博物館にある子供たちが描いた絵を見てくる。そこで、彼は殺されるとわかっている子供たちが、最後に描く絵が、みんな家族と一緒にいる楽しくポジティブな絵だということを知る。

そんなファンサービスの一つとして企画されたのが、音楽好きでも実際に演奏できないファンを、三日で弾けるようにしてあげるという楽器演奏アシスト合宿である。

その時は二〇人を相手に、叫ぶ詩人の会の楽曲を使って、何とか弾けるようにと、資料を用意して臨んだのだが、現場に行ってからも足りない譜面を書いたり、徹夜続きで一回も富士山を見ることがなかったという、実にハードなファンサービスだったという。

その時のことを、たまたま旧知のレコード会社の知人に「いやー、大変だった」と話したところ「それ、ものすごくメジャーなニーズがありますよ」と言われた。面倒なことは全部引き受けるので「一回やってみませんか」と熱心に誘われた。

その募集に、現在も救済合宿のツアーを組んでいる日本旅行がユニークなチラシとプレスリリースをつくったところ、三日間の救済合宿の半年分が埋まってしまったのだ。

「そのため、やめるにやめられない形でやり始めて、その後、ずーっとソールドアウトの状態が続いて、気がついたら一四年たってました」と、振り返る。

メインの三日間の救済合宿以外にも、ギター挫折者を中心にした一日講習の他、意外なニーズとして、例えばＮＨＫのＥテレの「ギター講座」を見た自治体から声がかかる形で全国各地にある文化会館やイベントホールを使った楽器挫折者のためのワークショップ、救済イベントなどを行ってきた。

各地に立派な施設があるのに、肝心のソフトがないため、有効利用できていないという自治体側の事情とニーズがあってのことである。

ラブ&ピース

楽器挫折者救済合宿のメインテーマは「演奏体験が地域を、社会を、世界を明るく元気にする」である。だが、それが長年続くのは、決して偶然ではない。

その活動の原点にある出来事として、きりばやし社長はインドでの体験を語る。

活動休止期間中の一九九八年冬、バンド仲間と一度旅行したインドを、改めてギターとバックパックを抱えて、一人で旅していた時のこと。

国内最大の都市コルコタにある終着駅ホームに着いた寝台車両に、やせ細った三〜四歳の男の子とその子の手を握った六〜七歳の少女が急ぎ足で入ってきた。裸足にボロボロの服装で、一目で路上生活者だとわかる二人は、乗客らが残したゴミを漁り始めた。

ゴミを漁る行為自体は珍しい光景ではない。だが、いつもと違っていたのは、突然現れた太った車掌が、二人を大声で怒鳴りつけ、女の子を思いっきり殴り飛ばした。

一瞬、何が起きたのか理解できずに、その場に凍りついた彼が、我に返り車掌の暴力を阻止しようと立ち上がると、自らの細い腕で立ち上がった少女は、再び男の子の手を握りしめ、何事もなかったように車両から飛び出していった。

「私が驚いたのは、暴力そのものではなく、暴力を受けた少女が泣くどころか、悲しい顔ひとつ見せずに、無表情だったことです。つまり、それが彼らにとっては日常であるという証だからです」

インドでの出来事は、彼にとって一つのエピソードでしかない。

平和な日本を離れて、一人で世界を旅していると、世界は挫折どころか、とても乗り越えられそうもない不幸や悲惨な現実に満ちている。

そして、彼が気がついたことは、本当の音楽の力、メッセージが世界には届いていないという事実である。例えば、ジョン・レノン、ノーベル文学賞のボブ・ディラン、あるいは多くのミュージシャンが歌う「ウィ・アー・ザ・ワールド」など、メッセージは常に発信され、十分に世界中に行き渡っている。

自らを振り返れば、プロを目指した十代の頃から、運良くメジャーな契約が取れて、レコード会社から、当時はバブルの時代だったため、毎月二〇〇万〜三〇〇万円ぐらいの支援金が何もしないのに振り込まれてくる。

「ふと気づいたとき、自分たちはレコード会社の決算の事情に一生懸命になっているだけじゃないのか。自分は何を社会に還元しているのか。あらゆるものを音楽からいただいてきたのに、その恩返しをせずに死んでいくんだと思ったら、ゾッとするわけです」

世界の現実を知るにつけ「こんなことをしている場合ではない」という気持ちが、どんどん強くなり、今日につながる活動へと至る。

同時に、メッセージが伝わらないのは、受け手の側の問題でもある。

救済合宿には楽器未経験者から楽器が弾ける中級者もやってくる。だが、あくまでも合宿である。学生時代の合宿同様、食事の時間には自分たちでテーブルを拭いて、料理を並べて「いただきます」「ごちそうさま」と言って、食べ終わる。各自、部屋割りができていて、知らない者同士、布団を並べて寝る。

「見ていると、中には手伝わずに本を読んでいたりする人もいる。大したことじゃないようですけど、そういう人たちの音って、アンサンブルで調和しない。そんなことを、酒を飲みながら話していると、そういう彼らが変わってきて、共同作業に積極的になる。そうすると、調和してくる」と、きりばやし社長は、救済合宿での体験を熱く語る。

救済合宿を通して、目の前でいろんな人たちが変わっていくのを見て「あっ、社会って変わるんじゃないかな。たぶん平和になる」と、一四年前には言えなかったことが、いまでは「変わる」と確信できるという。

音楽が武器の戦い

「音楽で、いま何が力になるかというと、違いを乗り越えることだと思うんです。その力を増やすためには、音楽は何ができるのか。ジョン・レノンだって、自分が信じる宗教があっても、世界にラブ&ピースをメッセージしている。その声が本当に届いていれば、違うものに対して、もっと寛容になれる」

そうした取り組みが回り道のように見えて、一番の最短距離なのは、日本のマンガやアニメを見て育った子供たちが増えれば、一〇年、二〇年後には、確実に日本との距離と関係は近くなる。そんな娯楽の持つ影響力こそが、きりばやし社長が感じる音楽の力でもある。

救済合宿も大手業者が実は同様の展開を考えたこともある。音楽教室とは別に、もう一つのビジネスモデルになれば、それだけミュージックラバーズが増えるため、きりばやし社長としても大歓迎である。

だが、結局は割に合わずに頓挫する。その作業をキリーがやれるのは、儲けではなく、使命感と、彼の言葉では「非効率からしか得られないものがある」ということになる。

救済合宿同様、カクタスの製造販売自体、本来は大手楽器メーカーがやるべきものをきりばやし社長が代わりにやっているようなものである。

ベンチャーとしての一連の取り組みは、七億二〇〇〇万人のミュージックラバーズをつくるため、音楽を武器に「愛と平和のため」に戦う極めて二一世紀的な戦いなのである。

＊　　＊

カクタス以前の問題

株式会社キリーの原稿を書いたのは、きりばやしひろき社長が「カクタス」をリリースして、アマゾンでの発売がスタートするというタイミングであった。

本文でも、その反響は大きく、アッという間にソールドアウト。きりばやし社長の「来年（二〇一八年）は、たぶん世界中を飛び回っていると思います」というコメントを紹介している。だが、初めての商品を売る難しさは、どの業界でも基本的に変わらない。画期的な商品であればあるほど、その傾向は強い。

事実、カクタスを展開することによって、カクタスを売る以前の問題に直面することになった。一つは、きりばやし社長の真意とカクタスそのものの目的が誤解されたこと。もう一つは海外への展開を図ることによって、カクタス以前にやるべき世界の構造的な問題に直面したことであった。

まず、きりばやし社長の思いはギターを始めるビギナーの挫折をいかにしてなくすか、カクタスはそのためのアシストツールとして作ったのだが、なぜかお金儲けの道具にしていると思われてしまった。

「いや、そうではなくて」と説明するのだが、カクタスが類似品もなく、いろんな可能性があることから、説明することで、かえって複雑な商品だと誤解されてしまった。

実際にカクタスを利用して、ビギナーが弾けるようになっている。使用した結果、つまりは実績を素直に受け入れてくれれば、何の問題もないのだが、余計な先入観を持たれて、なかなか伝わらないのが実情だという。

結果、きりばやし社長は「世界中を回る前にやるべきことがある」と分かって、その後二年ほどは、全国の楽器店巡りをしてきた。

ギターのビギナーの九〇%、しかも女性に限ればほぼ一〇〇%が挫折するという危機的状況を打開するため、まずは楽器店の人たちにカクタスを正しく理解してもらう必要があるからだ。

実際に楽器店にアプローチするにあたって、ただの新商品のセールスでは相手にされない。そこで彼が始めたのが「弦交換サービス」というボランティアであった。「要はギターの弦を交換するわけですが、世の中にはギターの弦を交換することだけで挫けてしまう人もいる。なので、それを助けに行く。つまり、楽器店に専門ブースを出して、弦交換をサポートする」という、楽器挫折者救済合宿主宰者としての地道な取り組みである。

本来は楽器メーカーあるいは楽器店が行うべきアフターケア、メンテナンスを、きりばやし社長が代わりにやっているようなものだ。

だが、やってみれば、それなりの手応えは得られる。

中には長年、弦をパンパンに張った状態で弓のようになったギターから、弦を交換すれば使用できるギターもある。再生不能の場合は、楽器のプロとして新しいギターを薦めることもできる。楽器店にとってもやるメリットは大きい。彼ら楽器店を味方につければ、ビギナーにギターを売るだけではなく、同時にカクタスの利用者も増えていく。

楽器店の反応は、楽器挫折者に対する危機感があるかないか、危機感の受け止め方によって、大きく分かれるという。

同じ危機感を共有できる楽器店との関係を深めながら、三年後のいま、その難しさを改めて思い知らされているという。

だが、想定外の苦労はあっても、どこか楽しそうでもあるのは、そこには確実に夢の実現に近づいているとの手応えがあるからだろう。

YAMAHAのニセモノ

外国に関しては、ヨーロッパに展開したいというバイヤーが何人かいたため、実際に説明に訪れている。

二〇一七年にベトナムを訪れた他、コロナ禍が、すでに問題になっていた二〇二〇年は一月にウクライナ、ポーランド、ドイツ。二月にもフィリピンを訪れている。

ヨーロッパでもロックやジャズ、ポップスは盛んだが、楽器の世界では伝統的にクラシックが優先される。ギターは安いこともあるが「アメリカのおもちゃ」といったイメージで、軽く見られている。

事実、ヨーロッパの先進国でも、まともなギターにはなかなかめぐり合えないとか。

ヨーロッパがそんな状況なのだから、アジアは推して知るべきか。

ベトナムのホーチミンには、三〇～四〇店のギターショップが並んでいる有名なストリートがある。観光客がお土産にギターを買っていく。

だが、そこに並んでいるギターを全部見てわかったのは「ちゃんと発音できる状態じゃないギターが売られている。メンテナンス以前の問題で、楽器として不完全なので、それでギターを始めても弾けるようにはなれない」という、呆れた実態である。

店の脇には「YAMAHA」というロゴの入った塗装前のギターが積まれている。もちろんニセモノである。

日本のヤマハ本社は、そうしたアジアの実態を把握しているが、訴えても金がかかるだけで、得るものはないと黙認している状態だという。

世界には日本では考えられないような、現実が罷り通っている。その意味では、カクタスを売りに行く以前に、やることがいっぱいある。

楽器の売り上げがアメリカに次いで多いという日本には、名の知られたメーカーが多く、まともなものが当たり前に売られている。そんな国は、珍しいというのだから、日本は恵まれている。

Fコードティーチャー

平和のイノベーションを仕掛けるベンチャーとしては、現在、カクタスとはコンセプトも目的もちがう商品「Ｆコードティーチャー」の開発が終わり、検証結果も良いことから、リリースの準備が進んでいる。

「Ｆコードがまったく押さえられない人から、押さえられてもちゃんと音が鳴らない人まで、Ｆでつまずく人があまりにも多い。そんな彼らを救うことに特化し、そこだけにフォーカスしています。高校球児がずっとボールを握っているのと同じで、型を覚えるまで徹底的に手首を痛めつけて、鍛え上げないとＦはマスターできない。そのためのトレーニング用ツールです」

実際に役立たなければ止めようと思いながらの開発だったというが、検証結果は予想以上のものがあった。まさに期待の新商品なのである。

音楽に真剣に向き合う人たちが増えれば、その分だけ世の中が良くなる。

これまでの活動を通した確実な手応えがあるだけに、カクタスに続く新たな楽器挫折者のための演奏アシストツールの誕生もまた、さらなる平和のイノベーションに直結することになる。

第二部　美と健康のための「和」のイノベーション

酸素補給水「WOX」で現代人の酸素不足を解消するメディサイエンス・エスポア株式会社

（神奈川県川崎市／松本高明社長）

日本の偉人たち

全国の小学校から、二宮金次郎（尊徳）像が撤去されていると、ずいぶん前から話題にされてきた。金次郎像そのものが老朽化しているとか、薪を背負った姿が時代に合わないなど、もっともらしい理由をつけているが、要は時代に合わないというわけである。

しかも、薪を背負って読書をする姿が、スマホ歩きをイメージさせることから、金次郎像にとっては、受難ともいえる時代になっている。

クールジャパンで日本の伝統文化が脚光を浴びている一方、和楽器の衰退やお米需要の減少などもある。

そこには、新しいものに価値があるという時代の風潮と背中合わせの、日本の伝統文化＝古いものは遅れている、つまりは価値がないとして、なおざりにしてきた近年の歴史がある。

高校教科書に登場する偉人たちの見直しの結果、例えば坂本龍馬、上杉謙信、吉田松陰らが消えるというので話題になっている。

消えるのは戦国武将や幕末の志士だけではない、現在の千円札の肖像に使われている野口英世博士もそんな一人とされる。

イノベーションとは、単に新しさを尊び、古いものを捨てて、新しくするという問題ではない。「和」のイノベーションには、古いとされる日本の伝統文化、歴史の中からいかに眠っている価値を見い出し、時代にあった新たな使命・価値を生み出すかという重要な役割がある。

アフリカで感染症対策に貢献した野口英世は、いまも英雄・救世主として尊敬されている。そんな彼の「すべての病気の原因は酸素欠乏症である」との言葉をヒントに、酸素欠乏症をなくすため、いかにして酸素を利用できる形にするかという難題に取り組んできたのが、メディサイエンス・エスポア株式会社（松本高明社長）である。

その結果、誕生したのが、飲む酸素「酸素補給水ＷＯＸ」、吸う酸素補給器「酸素ミスト吸引スティック」など、一連のシリーズである。

自社開発の三つのオリジナル技術である塗るワクチン技術、気液混合技術、ナノ金属安定化技術を駆使して、現代人の酸素不足を解消、抗ウイルス・抗菌作用のある除菌スプレーなど、ＱＯＬ（クオリティ・オブ・ライフ）向上に役立つ安全で質の高い製品を世に送り出している。

コロナ対策に限らず、美容と健康、パフォーマンスの向上のために、老若男女から一流アスリートまで、愛用者を増やしている。

まずは、メディサイエンス・エスポア株式会社の概要を知るために『エルネオス』の「ベンチャー発掘！」（二〇二〇年一月〜二月号）を再録する。

＊　　＊

ノーベル賞

当たり前に吸っている空気同様、酸素の重要性は誰でも知っている。だが、当たり前過ぎて、そのありがたさが見失われてきたのも、酸素である。

そんな酸素に、一躍スポットライトが当たったのが、二〇一九年のノーベル医学生理学賞だろう。

米国のグレッグ・セメンザ氏ら三人の外国人科学者が受賞したノーベル賞は「細胞が低酸素を検知し応答する仕組みの発見」というもの。三氏は生存に欠かせない酸素が不足した際、細胞がいかに検知・応答しているかを明らかにした。

セメンザ氏は一九九〇年代、細胞の酸素が不足すると、エリスロポエチンというホルモンを増やすたんぱく質「低酸素誘導因子（ＨＩＦ）」を発見。他の二人は酸素濃度に応じてＨＩＦを調整するたんぱく質を発見したことによって、貧血や心血管疾患、がんなど多くの病気に対する治療法が開発されるようになっている。

二〇一九年九月、日本でもエリスロポエチンが不足し、重い貧血を引き起こす慢性腎臓病患者向けに、赤血球を増やして血液が酸素を運ぶ能力を高める薬が承認されている。

要は、がんをはじめとした病気は低酸素状態になると発症し、悪化する。逆に、酸素を十分に供給することによって改善するということだ。酸素不足が老化を早め、病気の原因となることも、ノーベル賞が証明している。

この、人間の生存に欠かせない酸素を水に溶け込ませることに、世界で初めて成功したのが「メディサイエンス・エスポア株式会社」だ。

同社の高濃度酸素リキッド「ＷＯＸ」は、水や健康に関心のある人たちのほか、フィギュアスケートファンには羽生結弦選手が愛飲している水として知られる。事実、羽生結弦ＷＯＸでネット検索すると、ズラーッと結果が出てくる。

中でも羽生選手自ら「愛用品」の一つにＷＯＸを上げているのが「週刊現代」（二〇一五年二月一四日号）である。前年のグランプリファイナルで優勝した彼の「肉体の秘密」について、その「強さを支えるモノ」として、プーさんやけん玉などとともにＷＯＸを上げている。

一般的に、酸素は空気から肺を通して、取り込む方法のほか、水など消化器官を通して摂取する方法、さらには通常は意識されない皮膚呼吸によるものがある。

水の形で酸素を取り込めるＷＯＸは、同社の特定の成分を的確に供給するための「塗るワクチン技術」と液体の中に気体を安定化する「気液混合技術」により、水の中に分子の形で酸素が溶け込み、そのままの形で体内に吸収される。

水の形で酸素を取り込むＷＯＸに対して、このＷＯＸを蒸気にして呼吸器官から体内に酸素を補給するのが同社の開発した「酸素ミスト吸引スティック」である。

開発の背景には、近年は地球環境の悪化に伴い、空気中の酸素が減少の一途をたどっていること。しかも、加齢とともに心臓や肺などの呼吸機能が衰えるため、吸っているつもりでも、十分に酸素を体内に取り込められないという現実がある。

酸素ミスト吸引スティックの仕組みは吸い口から吸うと、製品内のコイルヒーターが発熱し、高濃度の酸素リキッドが加熱され、酸素を含んだ水蒸気が発生するというもの。見た目は電子タバコと変わらない。

水蒸気にすることによって、ＷＯＸの容積は一八〇〇倍ほど増える。増えれば、それだけ接触する面積が広範囲になり、鼻の炎症や口内炎などの炎症が改善する。酸素が補給されることによって、細胞分裂が始まり、ノドや口腔内の弱った細胞が元気になるからだ。

酸素と酸性

メディサイエンス・エスポアの現在の主力事業は「WOX」ブランドによる高濃度酸素リキッドの製造販売、ナノ金属安定化技術をベースに金属（銀）が変色せず長期間安定した抗菌効果のある「HTシルバー」の製造販売、塗るワクチン技術の応用から生まれたナノテクノロジー・サイエンス・コスメ「CORGRACE（コルグレース）」ブランドによるスキンケア関連製品の製造販売、医薬部外品化粧品のOEM製造販売である。

意外なところで、WOXが使用されているケースでは、テレビCMなどで目にする機会が多い女優・大塚寧々が使用している美容液「LEVIGA（レヴィーガ）モイスチャーセラム」がある。「発売からわずか6カ月で350、000本突破！」という人気の秘密に関して「こだわりの酸素水を使用」「独自製法の酸素ラメラ」と謳っている。そこに「WOX」ブランドは登場しないが、実際に使われているのはWOXである。

その他、モノが酸素だけに使い道は多く、WOXと様々な分野における共同研究開発の取り組みが進行している。

健康ブームの中、酸素カプセルや酸素バー、高濃度酸素水など、これまでも様々な酸素セラピーや酸素飲料、サプリメントが登場しては消えている。

酸素カプセルや酸素水はいまでもあるが、その酸素には多くの誤解もある。

活性酸素がやたら悪者にされてきたように、特にわれわれ日本人は酸素を知らない。

いまでも医学関係の学会などで、堂々と「酸素は吸いすぎると体が酸性になる」と語る重鎮がいたり「酸素水は歯のエナメル質を溶かす」と信じている学会トップもいる。

「これは酸素の酸と酸性の酸を間違えているんです。日本語だと、同じ酸なんですけど、英語では酸素はOxygen、酸性はAcidityと使い分けている。日本人は誤解していますけど、歯は酸で溶けても、酸素では溶けない」と、松本高明社長は呆れる。

例えば、クエン酸は酸っぱくても、アミノ酸は酸っぱくない。

体に有害なものとして、目の敵にされてきた活性酸素も、現在ではその有益性を示す多くの実験データや論文が発表されるなど、大きく評価が変わっている。

実際に、いまでは労働厚生省も活性酸素が心血管疾患、生活習慣病などの要因となることに関して「活性酸素の産生が過剰になり、抗酸化防御機構のバランスが崩れることが問題であって、活性酸素を除去すれば良いという安易な考え方は禁物」と指摘している。

かつてコレステロールが成人病の要因の一つとされてきたが、いまではある程度のコレステロールは健康の維持に不可欠なものとされているようなものだ。

二〇一一年に発売されたWOXは、酸素水がブームになった後に登場している。二〇〇六年に一大ブームとなった酸素水は、酸素をナノバブル化することによって吸収されるようにしたというものだが、明確な科学的裏付けがあるわけではなく、アメリカなど海外での高濃度酸素水に関する「飲んでも血中の酸素濃度は期待どおりには上昇しない」との試験結果が出てきて、ブームは終息した。

酸素並びに酸素水に関して、多くの誤解がある中で酸素に着目、いわば「酸素革命」の最前線を走るベンチャーの道が容易ではないことは、十分に予想できる。

だが、先駆者としての苦難はあるが、それが逆にメディサイエンス・エスポアの研究開発の基礎・バックボーンを形づくることにもつながっている。

チームWOX

松本社長は一九五八年二月、神奈川県川崎市で生まれた。その後、転勤族だった父親の仕事の関係で、中学から高校にかけて、広島県福山市で育った。

大学は早大理学部に進学したが、自分には向かないとわかって中退。進路を変更、明治薬科大学を卒業後、協和発酵工業株式会社に入社した。研究開発部に所属し、大阪大学大学院医学系研究科博士過程を経て、順天堂大学で博士号を取得。感染症治療薬や診断薬の研究開発を行っていたが、その後、フランスのパスツール・メリュー・コンノートSAに転職し、塗るワクチンおよび癌ワクチン、感染症予防ワクチンの開発を行う。

その経験の中には、単なる研究者、ビジネスパーソンとは異なる日仏のロビー活動めいたことから、未承認のがんの薬やワクチンなどを、厚生労働省に掛け合って、導入できるようにしたこともある。

「いろんなことを経験してきて、その一つ一つを一応終わらせながら、自分の好きなことをやって、給料も安定している。それまでの実績を元に、さらなるキャリアアップの道もあったんですけど、突然、会社をつくれという話になった」と、当時を振り返る。

二〇〇四年、恩師の薦めもあり、六人の仲間とともに「地球・動物・ヒトにやさしい環境づくり」を掲げて設立したのが、メディサイエンス・エスポア株式会社である。

典型的な研究開発型ベンチャーである同社の特徴は、松本社長自身、医学博士・薬剤師でもあり、研究者としての実績を積んできたことから、同社の商品には特許や文献など、エビデンスに基づく信頼性があることだろう。

具体的には三つのオリジナル技術を持っていることだ。WOXや化粧品開発につながった「塗るワクチン技術」と「気液混合技術」、そしてHTシルバーの製品化の決め手となった「ナノ金属安定化技術」である。

技術開発の背景には、それら技術を支えるサイエンスドクターチームの存在もある。同チームは松本社長を中心に、医学・歯学・薬学・獣医学・看護学・保健学・農芸化学・工学・理学・スポーツ学等、各分野のエキスパート一六名から構成されている。

研究者以外にも、外部アドバイザーを積極的に活用。「チームWOX」を構成し、健康・美容・スポーツ等、様々な分野でQOL（生活の質）を高めていくプロジェクトを推進している。

ＮＰＯ法人「ＱＯＬサポート研究会」を設立し、「健康酸素マスター」講習会並びに講演会を開催している。

二〇一九年一一月に「ミューザ川崎」で行われた同研究会の「第一七回講演会」には慶応大学医学部の安井正人教授が「水と健康・からだをめぐる水の大切さ」、フリーアナウンサーの若林順子氏が「ランニングから女性の健康を考える」をテーマに講演を行っている。

二〇二〇年一月二〇日からは幕張メッセでの「第八回国際化粧品展・東京（ＣＯＳＭＥ　ＴＯＫＹＯ２０２０）」に出展するなど、ビジネス展開のみならず、積極的な啓蒙活動を続けている。

野口英世の言葉

松本社長にとっては、突然の起業だが、パスツールで研究開発をしていたころの思いは、非常にやりがいのある仕事だったとはいえ、感染症の予防だけでは、なぜかもの足りないと考えるようになっていたという。

もっと根源的なところから、病気を防ぐことはできないのだろうかと考えた時、ヒントになったのが「すべての病気の原因は酸素欠乏症である」との野口英世博士の言葉だ。

「およそ一〇〇年前に立てられた仮説が正しいことが証明されつつある現在、酸素不足をなくし、酸素欠乏症を改善する方法さえ発見できれば、たくさんの人を病気の苦しみから救い出すことができる。いかにして酸素を利用できる形にし、健康に役立てられるか、それがライフワークになった」と、酸素に着目した理由を語る。

メディサイエンス・エスポアは創業以来、研究開発型企業として、二〇〇八年に第四世代リポソームを製品化した「CORGRACE」シリーズからスタート。地域で注目のベンチャーとして、かわさき起業家優秀賞、川崎商工会議所会頭賞などを受賞。二〇一四年には、販売会社WOX株式会社を設立して、今日に至る。

二〇一九年にも「かながわ頑張る企業2019」に認定されているように、その歩みは順調のように見えるが、通常の研究者、ビジネスパーソンでは味わえない様々なことがあった。川崎を拠点にするベンチャーとして注目された一方、慣れない経営面での苦労が続いた。だまされてひどい目にあったこともある。それは松本社長によれば、ジェットコースターのような激しい上り下りのある、そんな経営の道でもある。

WOXの誕生

二〇〇四年、研究仲間六人で立ち上げた会社は、環境や人にやさしい抗菌・除菌製品やナノリポソームを使った化粧品などを製造。酸素に関する研究開発も進んでいたのだが、仕事や生活面でのストレスから体調不良に襲われた。

突然、息苦しくなり、膝に水が溜まり始めた。やがて足を引きずるようになって、歩道橋の階段も上がれない。その苦しさに「もう、自分の人生も終わりなのか」と思いながら「このままではいけない。真面目に頑張ろう」と、何とか会社にたどり着いた。

その時にできあがったのがＷＯＸだった。

会議の席上、ＷＯＸを飲んで「普通の水だね」と言いながら、三〇分ほど話しているうち、尿意を催してトイレに行った。そこで、それまで出なかったオシッコが、ものすごい勢いで出だして、止まらなかったという。

ところが、また三〇分するとトイレに行きたくなる。その度に大量のオシッコが出る。しかも、それは他のスタッフも似たようなものだった。

「酸素を使って、何か変なものつくったんじゃないの？」と話しながら、失敗作だと思ったところから始まったのがＷＯＸであった。

だが、翌朝すっきりと目覚めたことで、松本高明社長の体調不良は解消した。「実際には失敗作ではなくて、ＷＯＸを飲んで酸素が補給されたことによって、腎臓が働き始めた結果、浮腫みが取れたわけです。膝に溜まっていた水も抜けて、走れるようにもなったんで、もしかしたら実際に酸素が入っているのかと思って調べたところ、水の中に酸素が溶け込んでました」と、当時の驚きを語る。

二〇一一年に販売をスタート。アスリートをはじめ多くの愛用者を増やしていった。

だが、世界で初めてというモノを周囲に認めさせるのは、案外難しい。

そこで、啓蒙のために始めたのが、二〇一四年に法人化されたＮＰＯ法人「ＱＯＬサポート研究会」である。

QOLサポート研究会

現在、メディサイエンス・エスポアで開発され、QOLサポート研究会で評価された製品の宣伝企画および販売は、株式会社ウォックスが担当している。

そこでのメディサイエンス・エスポアの仕事は、研究開発と同時に、市場での普及につながるしっかりした検証データを揃えていくこと。営業は他のビジネスパートナーに任せて、学術サポートに徹する。

すでに販売体制も、今後を見据えて従来の代理店を統合・整理する形で、大手企業に集約するなど、体制を一新している。

「私の役割というのは、酸素の重要性を啓蒙しつつ、酸素を補給する商品を広く世の中に供給することだと思う。そうやって市場を広げていくことが、私の社会貢献で、その果実を実際に手にするのは、案外ちがう方なのかなと思います」と、広める役割に徹するとともに、ビジネスパートナーの重要性を強調する。

「酸素の勉強をしましょう」との呼びかけで始まり、二〇一四年にNPO法人化されたQOLサポート研究会は、生活の質向上のため、酸素の正しい知識と情報を学ぶことと、その活動を通じた社会貢献の場でもある。

「健康酸素マスター」という認定資格制度をつくっているのも、酸素について学び、実際の生活に取り入れることによって、それぞれの仕事の場、専門分野で「酸素の力」を活用するためだ。「六〜七年間、コツコツと講習会と講演会を続けてきて、今があると思う。当初、周りの医療関係の仲間から『止めろ！』と言われました。でも、続けているうちに、われわれの言っていることが、逆に正しいというようになっている」と、振り返る。

健康や酸素に関する情報は、常に刷新されており、研究会の活動はまさに学びの場となっている。WOXと他の水とのちがいが明確にわかることから、同講習会にも登場する毛細血管観察は、その人の血流の状態と健康度がチェックできると好評である。

そこでは、通常の水をWOXに変えるだけで、毛細血管の血流が良くなることが目視できる。WOXにより酸素が補給された結果である。

飲むことによって体内に酸素を補給する「WOX」並びに、呼吸を通して水蒸気の形で酸素を取り入れる「酸素ミスト吸引スティック」に対して、メディサイエンス・エスポアの「塗るワクチン技術」とは皮膚から浸透することによって、体内に吸収されるものだ。注射が針を刺して、直接体内に薬を注入するのに対して、いわば痛くない注射ということになる。

酸素を肌に届ける酸素美容液パックを含む「コルグレース」シリーズは、塗るワクチン技術をベースにしたものであり、今後、同技術は多くの医療・健康面での利用が進むものと思われる。

もともと水の持つ根本的な作用は、モノを溶かすことである。水に溶けていないと、あらゆる栄養素、薬やサプリメントの錠剤も体に吸収されない。大量で濃度が高ければいいわけではないので、薬も水と一緒に服用することと注意書きされている。

だが、その水もエネルギーなどのちがいがある。事実、普通の水に比べて、WOXはモノを溶かす力が非常に大きい。そのため、サプリメントをWOXに溶かして愛用しているアスリートも少なくない。

とはいえ、世界で初めてとなると、水の専門家でも、その評価には慎重になる。

そのため「必ずいい結果が出る」と言って検証を薦めても、なかなか試してくれないケースも少なくない。

だが、実際に松本社長が専門にしてきたワクチン技術に関して、WOXをウイルスの培養に使用すると、従来の方法（水）と比べて、一〇倍以上のちがいが出ることが分かっている。

実際に、日本のワクチン製造で経験豊富な人物が試して、その効果を確認したことから、現在、大手製薬会社でのワクチン製造の道が開けつつある。ワクチン不足が問題になるインフルエンザ、ハシカなどのワクチンが、一〇倍多く培養できれば、それだけ多くのワクチンが製造できる道が開けるということだ。

ビジネスパートナー

WOXを蒸気にして取り込む「酸素ミスト吸引スティック」は、もともと将来ある子供たちの小児ぜんそくを治したいと思って開発したものだが、意外な分野での利用が増えている。

口腔内のマウスケア商品として、歯科医での利用が増えているという。同商品を使用していると、口臭（歯のプラークの臭い）が消えたとか、歯槽膿漏や歯周病患者に対して、なぜか改善した、口臭がしないという効果が出ているのだという。酸素が細胞を活性化した結果である。

エステサロン・美容院などでの頭皮ケアに関しては、すでにサービスが始まっている。最近、目立つ動きが農業、漁業、畜産関係などへの広がりである。

特に、漁業面では養殖に関して、世界で初というウニやカニの養殖への取り組みが進行中である。具体的にジェトロを通じ、ロシアなどでのプレゼンが進められている。

防腐剤、保存料に関して、ナノ金属安定化技術をベースにしたＨＴシルバーの展開もある。昔から食器に使われてきた銀の抗菌効果は良く知られているが、通常の銀は例えばウェットティッシュに使うと、すぐ黒ずんでしまう。ところが、メディサイエンス・エスポアのＨＴシルバーは変色しないいため、化粧品をはじめ、様々な分野での利用が可能になる。

その他、酸素だけに応用範囲は広い。

それぞれの分野におけるビジネスパートナーが、商品として完成させ、販売できるようにしてもらえればというのが、松本社長の考えである。

そうした典型的な成功例が、ＷＯＸを使用した天然由来の「エコスプレー」（株式会社ＥｉＳｈｉｎ）であろう。

もともと映像・デザインが専門の会社だったが、新規事業としてエコスプレーの環境改善効果に着目。大手バス会社の検証データでは、約三〇％の燃費改善効果が認められていることから、同商品の可能性に着目した安永知恵社長が、精力的に販促活動を展開して、中国をはじめ東南アジア、中東、さらには南米ブラジルなどへと販路を拡大している。

使用法はエンジンのエアフィルターの両面に魚介類（アミノペプチド）、海藻類（フコイダン）、檜樹液（ヒノキチオール）を含んだWOXをスプレーするだけ。これまで、類似品はさほど改善効果がないために、市場から消えていった中で、登場したニュータイプのエコグッズである。

窒素の研究

ベンチャー企業に限らず、多くの企業経営者は新規株式上場（IPO）を目指す。上場が広く社会に認知される一つのわかりやすい指標だからである。

それは多くの資金を必要とする医療系ベンチャーも例外ではない。だが、典型的な研究開発型ベンチャーであるメディサイエンス・エスポアの松本社長は、当面「IPOは考えていない」と語る。

これまでも、近隣アジアの国々から「投資させてほしい」という話もあった。数年前には、アメリカの著名な大学が同社のデータを検証して、アメリカでの工場進出を始めようという話になったこともある。だが、特許技術、ノウハウの流出など、小が大に飲まれる可能性もある。

外国での展開はリスクが大きいことから、時期尚早として海外展開の話は消滅しているが、今後は酸素を広めるために必要とされる時期があるかもしれないという。

社名の「エスポア」はフランス語で「待望」という意味である。

WOXを中心に展開する同社のビジネスを考えた時、酸素一本では将来、経営面での弱点となることから、もう一本の柱として、実は窒素をターゲットにしている。

何しろ、空気の大半、四分の三は窒素である。

「世界中、そんなことをやっているのは当社ぐらい」と、松本社長は語るが、空気中に酸素以上にある窒素が役に立たないはずがないというのが、研究のきっかけである。

だが、液体窒素が冷却剤に使用され、窒素ガスが食品の酸化防止に使われていることはあっても、窒素に関する研究論文や文献はほとんどないという。

酸素同様、窒素を水に溶け込ませた「窒素水」は、いまだ世界で開発されていないことからチャレンジしたものだ。

窒素水の研究を含め、様々なプロジェクトや事業が集中している二〇二一年は、同社の将来を左右する大きな分岐点となりそうである。

＊　　　　＊

パルスオキシメーター

コロナ禍によって話題になったものは少なくないが、そんな一つに「パルスオキシメーター」がある。

血液中にどの程度の酸素が含まれているか、酸素飽和濃度を、採血せずに指先に光を当てることで、正確に測定できる医療機器で、在宅酸素療法の適用を判断するなど、多くの医療現場で使用されてきた。

昨今は、コロナウイルスなどによる感染症が重症化するかどうかを判断する目安になるとして、脚光を浴びている。

採血せずに酸素の状態を測定できる画期的な装置として、ノーベル賞級の発明と言われた。開発者は新潟・長岡出身の日本人研究者（青柳卓雄）である。

メディサイエンス・エスポアでも、これまでパルスオキシメーターを使った毛細血管観察会は「ＱＯＬサポート研究会」主催の講演会や「酸素マスター講習会」などで、定期的に行われている。

コロナウイルス感染で問題となるのは、重症化してウイルス性肺炎の症状を示しているケースである。肺炎とは細菌やウイルスに感染して肺に起こる炎症である。肺機能の低下により、十分な酸素を身体に取り込めなくなって息苦しさを覚える。

コロナ感染の治療で抗炎症剤の他、酸素吸入器や人工心肺装置ＥＣＭＯ（エクモ）が使われているのは酸素を補給するためだ。しかし、そうした治療・対応にも限界があることから、メディサイエンス・エスポアが提供しているのが、呼吸からでは限界のある酸素を口腔粘膜や消化機関から体内に取り込むことができる、飲む酸素「酸素補給水ＷＯＸ」や吸う酸素補給器「酸素ミスト吸引スティック」などの一連のシリーズである。

本文中にもあるように、毛細血管観察会ではＷＯＸを飲むだけで、毛細血管の血流が目に見える形で良くなることから、まさに酸素補給水ＷＯＸはＷｉｔｈコロナ時代の必需品と言えそうである。

Ａｇウォックス10

コロナ禍によって、改めて脚光を浴びることになったのは、パルスオキシメーターや酸素補給水ＷＯＸだけではない。

もともと感染症・ワクチンの専門家である松本社長は、二〇〇六年二月に「実践的院内・実験室内感染予防対策研究会」を立ち上げている。医療現場での石鹸など海面活性剤による手洗いや消毒剤の頻繁な使用による手荒れやＱＯＬ低下などの弊害が問題となっていたことから、新たな消毒剤の開発に取り組んだものだ。

二〇〇九年発行の学術誌「ＰＭ（ＰＲＯＧＲＥＳＳ　ＩＮ　ＭＥＤＩＣＩＮＥ）」には「実践的院内・実験室内感染予防対策研究会」を立ち上げた代表世話人のあいさつとともに第一回、第二回研究会における研究発表内容が掲載されている。

松本社長は「高品質銀コロイド製剤の紹介」と題する論文等を発表している。一〇年以上前のデータは、いまも通用する。

コロナ対策用に一般的にはアルコール消毒、あるいは次亜塩素酸水が使用されている。だが、アルコール消毒は皮膚の油分や水分を奪うことから、肌がガサつき、ボロボロという状態になっていく。

次亜塩素酸水はそもそも手指を消毒するために開発されたものではない。刺激が強く、光に当てると効果がなくなるなど、必ずしも実用的ではない。同様に、次亜塩素酸ナトリウムはいわゆる漂白剤である。

松本社長が開発したHTシルバーは「抗菌効果や抗ウイルス効果はもちろん、実際に使いやすく習慣として定着するような消毒剤を確立したい」という思いから誕生した。

そのため、様々な材料を試した結果、たどり着いたのが、昔から食器などに使われてきた銀であった。その銀（銀コロイド、ナノ銀）には黒く変色するという欠点、抗ウイルス効果が低いという弱点がある。

そこで、独自技術による変色しないHTシルバーを開発。化粧品をはじめ、様々な分野で使われているが、コロナ後を見据えて、抗ウイルス剤としての効果を高めるため、濃度を3ppmから10ppmに高めた「Agウォックス10」を開発。二〇二〇年五月、発売にこぎ着けている。

安心して使用できる消毒剤の開発に一〇年以上前から取り組んできた成果である。

まさにコロナ禍の医療現場のみならず日常的な消毒剤による手荒れ・肌荒れに悩まされる今日、その先見性が改めて脚光を浴びている。

●日の丸ベンチャー　第5話

医療×テクノロジーで、働く人たちを健康にするバックテック株式会社

（京都市下京区／福谷直人ＣＥＯ）

日本の国民病

本の売れない時代に、コロナ禍以前から、多くのトレーニング法や健康法、あるいは「ガンが治った」といった医療本がベストセラーになっていた。テレビでも健康情報番組は花盛りである。主要都市はおろか「こんなところに」という地方の町にもスポーツジムができているのも、体が「資本」だからである。

先進国における少子高齢化の最先端を行く日本は、世界保健機関（ＷＨＯ）が分類する「超高

齢化社会」を超えて、この先「重老齢社会」と呼ばれる段階に入っていくという。

確かに元気な高齢者が増えて、いまや「人生百年時代」なるキャッチフレーズも目につく。もちろん健康が重要なのは高齢者ばかりではない。コロナ後となれば、なおさらである。

「健康寿命」「健康経営」なる言葉を政府が施策に盛り込む時代。健康は人生ばかりか、一見、健康とは無縁の企業における生産性や利益の向上、つまりはビジネス面にも直結する。

肩凝り・腰痛は日本の国民病と言われる。

厚生労働省の「国民生活基礎調査の概要」(平成二八年度)によると、性別による気になる体の不調(病気やけがなど)に関して、男性の一位は腰痛、二位が肩凝り、女性の一位は肩凝り、二位が腰痛である。ちなみに、三位は男性が咳やたんが出る、女性は手足の関節が痛むというものだ。

経済産業省が「健康経営」を打ち出したのも、肩凝り・腰痛が会社の生産性、要はコスト損失と密接な関わりがあるからである。

経産省が二〇一六年に発行した「企業の健康経営ハンドブック」には、企業や組織の従業員の健康に関連するコストで一番大きいのは、医療費ではなく、実は出勤はしていても、何らかの健康事情によって生産性が低下することによる損失だと指摘されている。

この、出勤しているのに体調不良や精神面の不調などが原因で、従業員のパフォーマンスが低下している状態を「プレゼンティーイズム」と称する。従業員に対する健康対策は、マイナスのコストではなく、プラスの投資というわけだ。

そんな肩凝り・腰痛を切り口に、職場の「労働生産性の向上」とともに、痛みと関連が深い「メンタルヘルス悪化」の予防・低減を目的とした健康経営支援アプリ「ポケットセラピスト」を運営しているのが「株式会社バックテック」（福谷直人ＣＥＯ）である。まずは、同社の概要を知るため『エルネオス』の「ベンチャー発掘！」（二〇一九年一一月〜一二月号）を再録する。

＊　　＊

ポケットセラピスト

「人生百年時代」の中、人も企業も望む「健康」をスマホのアプリ「ポケットセラピスト」を通じて改善する仕組みを開発。肩こりと腰痛を切り口にしたポケットセラピストは、痛みの解消の他、高ストレス対策などにも効果を表し、生産性の向上を目指し大企業での導入が続いた。コロナ禍で、業績を落とす企業が多い中、テレワークの普及によって、ますます注目されるようになっている。

バックテックの福谷直人ＣＥＯは同社代表の傍ら、博士号を持つ理学療養士であるとともに、京都大学大学院医学研究科や産業医科大学産業生態科学研究所（産業保健経営学）で最新の研究にも取り組む研究者でもある。

「様々な健康状態が原因で、仕事に集中できないとか、簡単なミスをしたりして、能率が上がらないというプレゼンティーイズムをお金に換算すると、実は医療費の負担より莫大に大きいことがわかっています。大手企業のポケットセラピスト導入理由も、こうした生産性低下の主たる要因の肩凝り・腰痛のケア・サービスをするのが一つ、もう一つはストレス対策です」と、福谷CEOは明かす。

体の痛みを治すと、実は高ストレス状態も改善することがわかっていて、導入企業の約六割は社員の高ストレス対策としても使っているそうだ。

肩凝り・腰痛アプリ「ポケットセラピスト」は二〇一六年四月の創業以来、経済産業省の健康経営銘柄に選定されているコニカミノルタをはじめ、バックテックの株主でもあるJR東日本等、大手企業三〇社以上が導入。導入後、確実に労働力向上、生産効率アップに直結することで、働き方改革や健康経営を推進する法人向けサービスとして、着々と導入が進んでいる。

「肩凝り・腰痛対策で九四〇〇万円の生産性向上（一万人規模企業、年間算出の場合）」をキャッチコピーにするポケットセラピストは、法人向け健康経営ソリューションというわけである。

ポケットセラピストの仕組みは、国際ガイドラインに基づいたアンケート（問診表）に回答することで、国際的知見をもとに開発されたアプリによって、その人の健康状態や痛みのリスクなどのタイプを判定。その結果を担当の理学療養士（フィジカル・セラピスト）が分析することで、効果や課題を可視化、様々な対策を提案し、改善を行っていく。その人のデータに基づいた、いわばオーダーメイドのメニューを選択できる。

理学療養士とは「理学療養士及び作業療養士法」にもとづく国家資格であり、リハビリテーションを構成する医療従事者の一員として、体の痛みを様々な方法で解消する、動作に関する専門家である。

具体的には、ポケットセラピストは「スタンダードプラン」と「アドバンスドプラン」に分かれる。両者のちがいは専任の医療職が一対一でつくかどうか。アドバンスドプランのほうは三カ月以上、慢性的な痛みに悩んでいる人向きだ。

ポケットセラピストが脚光を浴びる背景には、もともと肩凝り・腰痛で悩む人は、専門療法から民間療法まで、あちこちの治療院をいいと言われ、評判がいいと聞いては訪ねていく。そこで、自分にあった治療院や医療職に出会えばラッキーだが、大半は時間だけ費やして完治には至らず、肩凝り・腰痛とだましだまし付き合っているというケースが多く見られる。

ましてや会社に勤めながらでは、思うように治療に専念できないという悩みもある。

そんな悩みを抱える人たちを「笑顔にしたい」という福谷CEO率いるバックテックの企業理念は「全人類が生き生きと暮らし、社会に貢献できる世界をつくる」というもの。「医療×テクノロジーで、人生に希望というエッセンスを」をキャッチフレーズに、「私たちは仕事を通して、カラダの痛みや痛みに伴う不安・恐怖感を抱えながら日々生活している人々の人生というストーリーに〝希望〟というエッセンスを与えたい、と考えています。世界中の人々が生き生きと暮らし、社会に貢献できる世界を作るため、医療とテクノロジーを融合し、より多くの人々の健康をサポートする。それが私たちの経営理念です」と、志は高い。

全世界の人々が健康な生活を営み、仕事の場でも自分の能力を十分に発揮して、日本の経済成長に寄与してほしいという思いが込められており、具体的には、肩凝り・腰痛を切り口に体のすべての痛みを解決することで、「数多くの国民を幸せにすること」を目的にする。

理学療養士

福谷直人ＣＥＯは、愛知県名古屋市で生まれた。少年時代の夢は、プロ野球選手になること。高校は高校野球の名門・中京大付属中京高校に進学、野球部に所属した。

だが、体育の授業で、肘関節の靭帯断裂というケガをしたことで、理学療養士を目指すことになる。

腕を三角巾で固定された彼は翌日から、病院でリハビリを受けることになった。あまりの痛さに涙が出るほどで、痛いのがリハビリだと思っていたという。

そんなリハビリが週一回、三重県から来る先生の時だけは、すごく楽しかった。リハビリをしながら、高校生活をはじめ、恋愛の話、テレビのことなど、高校生が興味を持つような話をして、その時だけは痛いのを忘れられたからだ。

彼は「同じリハビリでもやる人によって、こんなに患者の感じ方が変わるのか」と、大きな衝撃を受けた。

大嫌いだったリハビリ通院が、その先生の時だけは楽しみになって、やがて彼は理学療養士を目指すことになる。

「自分がやることで、その人の人生を変える可能性もある。自分もそういう体験を提供できれば、痛みで悩んでいる多くの人を救うことができるし、笑顔にできる」

卒業後の進路を定めて、そこから受験勉強に取り組んで、何とか大学に合格した。

名古屋市に隣接する豊明市にある藤田医療大学（旧・藤田保健衛生大学）は、日本一の病床数を誇る大学病院を有するなど、医療界ではよく知られている。同大学の理念は「独創一里」。自分自身が持つ創造力で新しい時代を拓いていくとの考え方だ。

あいさつその他、規律や身だしなみにも厳格で「医療人は、礼節・知識・態度のすべてが揃っていなければならない」というのが、大学の教えだ。その一方、学科長から「君たちは夕日を見て涙が自然に出てくるか。感動の心がない者に、患者をみる資格はない」と言われたことは、今でもよく覚えているという。

彼が所属した医療科学科のリハビリ関係は、特に厳しく、選択科目、必須科目のすべてを必修とされて、土曜日の夕方までカリキュラムがぎっしり詰まっていた。

当然、バイトなどやるヒマはない。そんな大学で、彼は高い私立医大の学費を出してくれた両親に、少しでも親孝行しようと、成績で学年一位を目指して勉強した。

卒業後は、理学療養士として介護老人施設で働きながら、同大学院修士過程に進学。卒業していく仲間たちと比較した時、自分の一番の強みは臨床ではなく、研究者の道だと考えてのことだった。

仕事を夕方五時に終えた後、約一時間かけてクルマで大学院に行く。夜の一二時過ぎまで研究して、深夜二時ごろ帰宅。翌朝六時に起きて、仕事に行く生活を二年間続けた。

野球部で鍛えた体力が役に立ったとはいえ、途中、体調を崩して、若者には珍しい尿管結石になった。生活習慣と運動の大切さを知って、スポーツジムに通うようになるなど、貴重な体験を重ねた。

ある時、骨折して車椅子の状態でやってきた八〇過ぎの女性を担当した。全然歩けなかった彼女が、三カ月ほどのリハビリの後、自分の足で退院していった。自宅に帰ってからも、フォローを続けたこともあり、彼はやり甲斐も感じ、リハビリの楽しさを知った。

ものすごく喜ばれた福谷ＣＥＯは「まだ未熟ながらも、その時は自分も貢献できたんだと初めて思いました。年間一二〇人ほど担当する中で、記憶に残っているのは、その人だけです」と、夢中で過ごした当時を振り返る。

起業家への道

しかし、限界もある。病院でのリハビリを担当する中で、定年まで続けても、自分が見られる人数は限られている。一人でやるには限界がある。

彼は新しい評価法やリハビリの手法を開発すれば、自分を起点により多くの人を幸せにできると考えて、研究生活を続ける。

大学院終了後、大学病院に就職する者が多い中、常に他人とはちがうことをしたいという彼は、京都大学大学院に進学する。

臨床の現場で、転ぶことで寝たきりになることが非常に多いことから、「転ぶことの研究」をやろうと、その研究で一番進んでいた京都大学大学院を受験。必死の頑張りで合格した。

だが、世界は広い。博士になって、大学の医学部の教員になれば、多くの学生が卒業後、全国の病院に旅立っていくので、それだけ多くの人を幸せにできる近道だと思って、研究者を目指した。だが、京大生の頭の良さを知った彼は、研究者としては彼らに勝てそうもないことを思い知らされた。

国際誌に論文を発表するなど、充実した大学院生活を送っている一方、研究室で研究している以上に、彼は自分が人と会って話をしているほうが好きなことに気がついて、そのまま大学院を続けるかどうか悩んだという。

そんな時、付属研究室の青山朋樹教授から「君に向いてそうだから、行ってみたら」と声をかけられたのが、起業のきっかけとなる京都大学の研究シーズを事業化するプロジェクト。「グローバル・テクノロジー・アントレプレナーシップ・プログラム（GTEP）」だった。

ＧＴＥＰ準優勝

ＧＴＥＰは京都大学大学院生が持っている研究シーズを発表し、その理念や技術に賛同した参加者と一つのチームを組んで、事業化に取り組むというもの。一チーム五人ほどの数チームが、半年ほどをかけて、最後に成果を競うというコンペである。

福谷ＣＥＯのテーマは「働く人たちの健康」。腰痛・肩凝り治療アプリ「ポケットセラピスト」の原型は、その時にできたものだ。

「当時の提案書を見ると、今のまんまです」と語るように、働く方たちの健康が、実は企業の損失であったり、本来働くことというのは健康になるために必要なことと定義されているように、通常は週五日、毎日八時間働くことによって生活のリズムが整う。逆に仕事をしないと不健康になる。ところが、今は仕事をすることによって、不健康になっている人が少なくない。その解決法としてのアプリの提供というわけである。

富士通やキヤノンなど大企業の人たちが参加した福谷ＣＥＯチームは、起業に必要な製品開発やマーケティングなどを行った他、実際に試作品づくりを行った。姿勢をセンシングできるクッションなどの製品化も考えたというが、アメリカに似たようなサービスがあったり、事業化に莫大な初期投資が必要になるなど、仮説検証と試行錯誤を繰り返して、結局はオンライン上のサービスという現在の形になる。

「優勝するつもりだった」というコンペＧＴＥＰは、残念ながら準優勝に終わった。

だが、その後も研究と並行して出場した「ジャパンビジネスモデルコンペティション」日本大会で最優秀賞を受賞。日本代表として、世界大会に出場。ヘルスケア系のピッチコンテストに出たり、起業に向けた取り組みを行っていった。

さらには海外研修にも参加。アメリカのハーバード大学やマサチューセッツ工科大（MIT）などでのMBAの授業に出たりして「0から1をどうやってつくるか」といった起業研修を受けたりしたという。

「様々なコンペで最優秀賞を受賞する一方、厳しくダメ出しされて、何回もやり直して、ビジネスモデルをつくり上げていく。その度に、ピボット・改善を加えていくことで、一つの商品としての完成度を高めていく。一回考えただけではうまくいかないこと。何度もピボットを繰り返しながら、練り上げていく。そうじゃないと、お客さんはお金を出してくれないことを学んだ」と、福谷CEOは振り返る。

京大ブランド

福谷CEOは二〇一六年三月に大学院を卒業、四月に「株式会社バックテック」を立ち上げた。創業メンバーはGTEPプロジェクトチームに集まったメンバー。

ポケットセラピストの特徴は、肩凝り・腰痛持ちの人間と治療家・医療職をお互いうまくマッチングするプラットフォームをつくったこと。腰痛のタイプ別に専門・得意分野を明確にして、要は自分に合った専門家をすぐ探せるサービスである。

最初は京都・大阪で立ち上げて、その後、東京、福岡など主要都市でのサービスを展開していった。だが、両者をマッチングするにしても、どこまで治療家・医療職の得意分野・実力がわかるのだろうか。

そんな疑問に対して、実際に候補となる治療院、医療職を一軒一軒回って、ポケットセラピストに登録するのに相応しいかどうかをテストする。

「医療関連の協会や団体と協力して、説明会を兼ねた勉強セミナーを開いた他、われわれとしては、サービスの質を担保したいので、しかるべきテストをして、それをクリアーした人だけを認定の治療家としています」というように、決して、勝手に選んでいるわけではない。

なぜ大学院を卒業しただけの若い福谷ＣＥＯに、そんなことができたのかと言えば「京大ブランド」があることと、博士号を持っていること。理学療養士で博士号を持っている人物は、当時は珍しかったため、むしろ認定されたら、それがブランドになるという形で登録したいという人もいる。

ポケットセラピストのプロトタイプを完成させて、最初に大阪府のスタートアップの育成プログラムである「スタートアップ・イニシァティブ・ＯＳＡＫＡ／アクセラレーター・プログラム」に応募。大阪市認定のベンチャー育成事業に受かったことによってチャンスが巡ってきた。

資金の調達に関して、二〇一六年八月、サイバーエージェントキャピタル（当時）からエンジェルラウンド調達。二〇一八年五月には、JR東日本スタートアップ、日本ベンチャーキャピタルから、シードラウンド融資。そして二〇一九年三月、医療人材派遣大手のエムスリーと「シックスパッド」などを販売するMTGVenturesを引受先とする第三者割当増資により二億円を調達した。

いかにも大学発ベンチャーらしいサクセスストーリーに思えるが、起業前に考えていたビジネスプランは、企業と契約して、従業員に使ってもらうというもの。実際にヒアリングを兼ねて営業に回っていた。

「ところが、返ってきたのは『何で会社が従業員の健康に関与しなければいけないんだ』という大多数の声。門前払いじゃなくても、市場としては時期尚早だと思って、個人向けに切り換えてスタートした」と、福谷CEOは当時の経緯を語るが、個人向けサービスも顧客獲得数は全然、伸びない。

打開策を求めて、JR東日本へのアプローチは、JR特有のインフラを活用した事業を推進していたことから、ポケットセラピストを用いたビジネスプランを提案した。

「最終的にOKが出たんですけど、あの時は本当に大変でした。ベンチャーって、とにかく手持ちの資金が減っていく。もし、JR東日本と日本ベンチャーキャピタルからの入金が一月遅れていたら、倒産してました」と、当時の厳しさを語る。

そんな経営者としての苦労と厳しさを若くして経験した。

導入企業の評価

ポケットセラピストに対する流れが、大きく変わったのが、「健康経営」という考え方が、企業社会に広まり始めたことだ。

事実、最初にポケットセラピストを導入した内田洋行健康保健組合の場合。導入の理由は、健保組合が行ったストレスチェックで日常的に肩凝り、眼の疲れを感じている人が多数いること。さらに高ストレス者ではその割合が増すことがわかって、社員の労働生産性を改善する上で、痛みの改善という切り口からアプローチすることに大きな意義を見いだして、その具体的な方法としてポケットセラピストの導入に至っている。

休みがちだっ社員が出社できるようになった他、体験者からは、実際のアドバイスによって「デスクトップの位置を変えるだけで、頭痛が軽減した」「腰痛で出社に不安があったが、病院に行かなくても痛みから解放された」といった従業員の声が多数聞かれる。実際に、生産性は二割近くアップしている。

日本ユニシスでもメンタルヘルス対策を目的に、ポケットセラピストを導入。肩凝り・腰痛の痛み軽減が利用者の七五％にあったという結果が出ている他、一部、高ストレス状態や眼の疲れ、頭痛、運動習慣、睡眠不足の改善も見られるという。

経営的にもＥＳＧ投資として、株主からも評価されているという。

ネックペイン

肩凝り・腰痛は日本の国民病と言われるため、外国人にはないと思われている面もあるが、そんなことはない。「凝る」という言葉がないだけで、肩凝りは英語では「ネックペイン」（痛み）という表現になる。

ＩＴを使った医療系ベンチャーが多いアメリカだけに、ポケットセラピストと同様のサービスもあるというが、ポケットセラピストほどの成果は上げていない。

その意味では、将来的にポケットセラピストの海外版の可能性もある。バックテックへの期待と評価は、そのへんにもある。

投資家には、目標として二〇二三年のＩＰＯ（新規株式上場）を謳っている。

当面の課題は提供商品・サービスの改善。それに必要な優秀な人材の確保である。

「売上げを増やすことも大事なんですけど、人材採用計画も一緒に走らせないと、歪みが出てくる。サービス改善が日々必要というか、ユーザーが本当に感動する体験を与えるためには、毎秒必要です」と強調する。

ポケットセラピストで「感動」というのは意外でもあるが、例えば「ディズニーランドに、また行けるようになりました」と感謝を伝えてきた二〇代後半の女性の場合。メンタル系の療法も加えることによって、一月半後にディズニーランドに行けるようになって、三カ月後には痛みがなくなった。

その他、テニスの試合に出られるようになったといって、動画を送ってくれたり、クロスバイクで琵琶湖一周できるようになりましたといった声が寄せられる。痛みの先には、必ずその人にとって課題や目標、夢などがあるのだという。

「創業前は一対一の関係って、対面でしか得られないと思っていましたが、オンラインにすることによって、よりその人のプライベートな部分、生活まで見えてくる。臨床業務を止めることで、患者との距離が離れるという感覚があったんですけど、実際にはより蜜になるイメージで、相談しやすくなる」と、意外な効果を語る。

二〇二〇年三月末までに「大企業五〇社、中小企業二〇〇社導入」を目標に掲げていたが、来期は「もう少し増やしたい。そのためにはもっともっと頑張らないと」と、意気込みを見せる。

特に、中小企業には弱いため、具体的なネットワークづくりとして、様々な事業提携を模索している。

ポケットセラピストは〝セラピスト（カラダの痛みの専門家）がいつもポケットにいるような安心感を〟という意味が込められている。やがて、個人向けサービスが再び登場する日も来るかもしれない。

＊　　＊

コロナは追い風？

コロナ禍により、日本のビジネスシーンでも一気に進んだのが、在宅・テレワークである。その結果、起きているのが、仕事の作業環境が変わることによる肩凝り・腰痛の増加である。

当然ながら、自宅ではオフィスのようにデスク環境が整っていない。そのため、コロナ後は目の疲れや腰痛を訴える人たちが増えている。

もともと、バックテックは遠隔健康相談などにも取り組んできたＩＴ系ベンチャーとして、起業当初からリモート、テレワークなど、ビジネス上のオンライン環境は整っている。

コロナ禍に振り回される企業が多い中、事業的には追い風である。

実際に、テレワークが広がって導入企業での利用枠が拡大している他、東西の上場企業から「すぐにポケットセラピストを導入したい」という反応があった。

クライアント企業そのものが傾いては元も子もないが、社員の健康管理に配慮し、お金をかけるのは、優良企業の条件である。

バックテックではコロナ後の新たな取り組みとして、二〇二〇年四月、オムロンヘルスケア（京都府向日市／荻野勲社長）と連携。急増中のテレワーカーの腰痛対策に、これまでの関係をさらに強化する形で取り組んでいる。

五月には、ビューティ・ウエルネス領域におけるブランド開発、製造、販売を行っているＭＴＧ（愛知県名古屋市／松下剛社長）との連携がスタートしている。

「テレワークで不便に感じていることは何か」との調査では、一位は作業の環境が整っていないということだ。実際に腰痛と肩凝りに悩む人たちが増加しているとのデータがハッキリして、企業も健康組合も何らかの対応を迫られている。

「コロナ禍で病院に行けないし、マッサージにも行けない。これまでであれば、スポーツジムやフィットネスクラブに行くべきところ、それもできないため、当社のサービスを使ってもらっている。オンラインでも、実際にマッサージされている感覚を得られる部分をより強化していきます」と、コロナ後の対応を語る。

バックテックでもオンラインでの相談窓口を設けている他、オンラインイベントを開催している。

在宅でのデスク環境をどのように整えるか、いかにお金をかけずに快適に仕事ができるようにするかといった情報などを配信している。さらに写真を送ってくれれば、それに対するアドバイスも行っている。

家族と子供が一緒なのでストレスが溜まるというケースには、逆に悩みをポジティブに捉えて、家族と子供が一緒にエクササイズするイベント、専門家に指導してもらうオンライン講座、肩凝り、腰痛以外にも、睡眠系の悩みに対応したものなど、様々なオンラインのイベントを行っている。

毎週、新しいことをやりながら、ヒットするものはマネタイズ（課金）方式にするなど、工夫を凝らしている。

福谷社長個人としても、七月には『腰が痛いと思ったらとにかく読む本』（日経ＢＰ社）を鍼灸師の伊藤かよこ氏との共著で出している。

目標は雲より高く

「ベンチャー発掘！」の取材時に、バックテックの目標として掲げていた導入企業数は、まだまだ未達成だが、その数は確実に増えている。特に、導入企業内での利用者数が増えていることが、同社にとっては重要でもある。契約していても、利用されていなければ、あまり意味がないからだ。

コロナ禍の中、バックテックの収入自体は右肩上がりである。

課題であった人材に関しては、現在も募集中だが、だいぶ「最適化された」と語る。

企業としての体制も整ってきて、経営面ではコロナのタイミングで「不況時代をどう生き抜くかとの戦略を立てた」という。

サービス自体はプロダクト面を強くすること、財務基盤を整えるために無駄を排除することなど、不況でも倒れない組織づくりに力を入れている。例えばいままでは企業理念など、あまり意識されず、会社の目標と個人の目標が必ずしもヒモづいていない部分もあった。

「いまは、それらがうまく回るようになって、正しい意思決定ができる強い組織に、一歩ぐらい近づいたかな」と、控えめに語る。

コロナ後の興味深い展開としては、オフィスビルを所有している不動産関係との連携が進んでいる。

新しいビルの建築が進む一方で、景気後退並びにテレワークの増加などから、いかに解約されるリスクを回避するか。不動産業界・ビルオーナーが苦慮する中で、他のオフィスビルにはない優位性、付加価値など、明確な差別化が求められている。

そうした付加価値の一つとして、要はバックテックと契約しているオフィスビルやマンションの入居者は、ポケットセラピスト・サービスが使えるようになる。

二〇二〇年七月には、大手不動産会社と連携して、テナント企業一五〇社ほどを集めた講演会も行われているように、新たなビジネスモデルとして期待されている。

すでにバックテックのサービス利用者は日本全国に広がっている。

次の課題である海外展開に関しては、コロナ禍により、やや不透明な部分があるが、同社のクライアントには海外に多くの支店網を持つ世界企業もある。

そこでは、海外に出て日本とはちがう環境の中でストレス過の状況下で仕事している駐在者を中心に、ポケットセラピストでサポートを行っている。

「日本発」のブランドには「安心できる」というイメージがある。目標は雲より高く、目指すは世界制覇である。

ネイルチップ事業を譲渡、さらなる変身を遂げるベンチャー株式会社ミチ

（東京都中野区／中崎瞬社長）

GNCの時代

新型コロナ禍によって、すっかり状況は一変したが、近年のインバウンド（訪日外国人）ブームの中、日本は円安の影響から外国人観光客が大挙して訪れ、中国人観光客による爆買い、お花見ツアーなどが話題になっていた。そこには円安だけではない、クールジャパン（ジャパンクール）と称する日本文化の人気がある。

もともと、アメリカ人ジャーナリストのダグラス・マグレイがGNC（グロス・ナショナル・

クール＝国民総魅力）を提唱したのは、二〇〇二年のことだ。

ジャパン・ソサイティの招きによって来日した体験をもとに、米外交専門誌「フォーリン・ポリシー」に「ジャパン・グロス・ナショナル・クール」という論文を発表。「日本はＧＮＣを国の指標に文化大国を目指すべきだ」と論じた。

ＧＮＰ（国民総生産）の時代が去って、ブータンのワンチュク国王が提唱して話題になった幸せを国の指標にするＧＮＨ（国民総幸福）にも通じる。

マンガやアニメをはじめ、和食、畳や布団、盆栽その他、日本のあらゆる生活文化がクール・ジャパンとして脚光を浴びてきた。それもいまやブームではなく、海外にすっかり定着した。

事実、モッタイナイ、オモテナシ同様、それぞれが世界共通語となっている。

そうしたクール・ジャパンのベースにあるキーワードの一つが、日本の「カワイイ」である。女子高生をはじめ、若者たちによる日本のストリートファッション、あるいはコスプレ、フィギュアその他のサブカルチャーは、欧米のジャパン・エキスポ、コスプレ博に見られるように、世界を席巻しつつある。

そうした日本のカワイイ文化の典型として進化を遂げたものの一つがネイルアートである。その特出した技巧・こだわりは、大げさな表現をするならば、江戸末期から明治にかけて、世界を驚嘆させたメイド・イン・ジャパンの「超絶技巧」に通じる。

現代に花開いたネイルアートの技は、日本では携帯電話その他の持ち物を、個性的にデコレーションする。それはトラック野郎の乗るデコトラに見られるように、女性に限らない。歌舞伎の隈取り、浮世絵に見られる自由で大胆な発想が、そのまま日本の伝統技として受け継がれている。

株式会社ミチ（中崎瞬社長）は、そうした「日本のカワイイを世界に」との目標を掲げて、ネイルチップ（付け爪）の製造・販売をスタート。「日本のハンドメイド技術を世界に伝える」ことを使命にしてきた。

クラウドソーシングでハイクオリティのネイルチップを作成し、世界市場を視野に、まずは日本での足場を固めるべく「一年で一千万円」を目標に掲げてきた「ミチ」の売上高は、創業三年目（二〇一五年）の決算では三三〇〇万円となっている。

事業自体は順調であったものの、利用者は毎年、微増でなかなか成長ドライブがかからない。そんなことから「自分の力だけでは、この事業を伸ばしきれないかもしれない」と感じて、中崎瞬社長が決断したのが、丸井織物株式会社（石川県鹿島郡／宮本好雄社長）への事業譲渡であった。

雑誌掲載後の変化は後回しにして、まずはネイルチップ事業の概要を知るため、初出の『エルオネス』の「ベンチャー発掘！」（二〇一五年六月〜七月号）を再録する。

＊　＊

クラウドソーシング

日本の生活文化が世界の注目を集める中、二〇一二年六月に創業した株式会社ミチは、二〇一三年四月には、ハンドメイドのネイルショップ「ＭＩＣＨＩ」をネット上で展開、華々しく世界デビューを果たしている。同年八月には、日本版公式ホームページを創設。ネイルチップ専門店として、ネイルチップの生産、ＥＣサイトでの販売、店舗への卸を行ってきた。ちなみに、ネイルチップはネイルアートが施されたプラスチック製の付け爪。ネイルサロンに行かなくても、両面テープで気軽にネイル気分を味わえる。

通常、ネイルサロンでネイルチップ（付け爪）を付けようとすると、六〇〇〇円から二万円ほどかかる。それがミチでは一千数百円から四〇〇〇円程度で購入できる。

安いからといって、クオリティが劣っているわけではない。そのクオリティの高さを支えているのが、全国にいる在宅の独立ネイリストの存在である。

ネイルチップのデザインに関しても、デザイン企画室が一括してデザインしたものをネイリストが制作する。クリエイティブ・ディレクターの存在によって、ネイリストのモチベーションと技術力を生かしながら、売れるものをつくっていく。一定のクオリティを保つ体制が整えられている。いわば、現役のネイリストがミチの品質チェックをしている。そのクオリティの高さとデザインの可愛さが「ミチ」の人気の秘密である。

女性を相手にする上での配慮は、当然、商品であるネイルチップの製造・販売・サービスにも反映されている。

ユーザーへのアプローチも丁寧で気配りに満ちている。サイズがわからないユーザーには、無料でサイズ確認用のチップを送付。通販は初めてという若い女性にもわかりやすく不安を感じさせないようになっている。

日本におけるネイル関連の市場規模は約一〇〇〇億円で、近年、目立った伸びはない。一方、ネイリストは全国に三七万人いて、毎年三万人のペースで増えている。その理由は若い女性のなりたい職業の一つがネイリストだからである。ネイリストは彼女たちにとっては、美容師やエステティシャン同様、憧れであり、人気が定着している。

その一方で、市場規模が増えていかないのは、全国的に在宅の独立ネイリストの仕事の場が限られているという事情もある。地方にいて、あるいは子育てのため、一時的に仕事を離れているネイリストたちである。

ミチは、そうした眠っているネイリストの技術をクラウドソーシングの手法を活用することにより、クオリティの高いネイルチップという商品にしている。

「ただ単にネイルチップをつくっているのではなくて、全国の在宅のネイリストに新たな雇用を生んで、眠っている技術、使われていない人材をうまく活用するクラウドコンピューティング時代のビジネスモデルなんです」

中崎社長が説明するように「ミチ」が始めたネイルチップの製造・販売は、働く女性ばかりか、ユーザーにも企業にもいい、つまりは社会にとってもいいモデルなのである。

アベノミクスの掲げる地方創生、女性の活用、そして官製クール・ジャパンからも、新たな雇用機会を創出し、働く女性を応援する。同時に、日本のカワイイを世界に伝えるという点では、ミチは日本の美の心と技術＝文化の啓蒙・広報役を担う企業の根本的な使命を備えている、日本の典型的なベンチャーなのである。

しかも、その技術は今はたまたまネイルチップだが、その事業展開・ノウハウ・ビジネスモデルは、他のハンドメイド的なアート・職種・グッズ等を始めることによって、より大きな市場の創造につながる。

ハンドメイド

「ネイルチップだけでも、月一五〇〇セットぐらい売っているので、周りは驚いてます。エッ、一五〇〇セットも売れるんだって」

こう、中崎社長はミチのいわゆるクラウドソーシングの手応えについて語る。

そこにビジネスチャンスもあるわけだが、そうした可能性の一端は、ビューティビジネスを展開する上場企業からの投資理由を見れば明らかである。

二〇一五年九月、化粧品クチコミサイト「アットコスメ」の企画・運営を行っている上場企業アイスタイル（吉松徹郎社長）からの投資を得て、新たにアットコスメ店舗での販売を新宿店からスタート。その実績を元に、渋谷店でも販売、現在三店舗といった具合に、さらなるシナジー効果が期待されている。そのアイスタイルの投資理由が「クラウドソーシングの手法を活用したサービスが、ネイル市場において革新的な存在になる可能性がある」というものである。

クラウドソーシングを使ったビジネスモデルは、すでに一年間を通じて、いわば確立している。その仕組みとノウハウは何よりの財産だが、同時にわかってきたことは「ネイルチップだけでは、ビジネスとして、あまり面白みがない」ということだ。

ビジネス的に大きく展開する上では、ミチが確立してきたクラウドソーシングの仕組みとノウハウを生かした商品企画が欠かせない。そこから見えてくるのが、ネイルチップ同様、指輪やブレスレットなどの装飾品、ファッショングッズであり、ハンドメイドの世界で活躍する多くのクリエーターの存在である。

だが、ハンドメイドおよびクリエーターの性格上、それらの商品を一つのブランドにして売っているところは見当たらない。中崎社長は自らがその役割を演じることで「ミチ」をネイルチップだけではない、ハンドメイドの世界を統一するブランドメーカーにしていきたいという。

そのブランドイメージはユニクロであり、JINSである。そこでのハンドメイドは、すべて「メイド・イン・ジャパン」としての海外展開となる。クール・ジャパン、そしてカワイイ文化の輸出を視野に「そちらの方向へ舵を切ろうとしているところです」と、将来への展望を語る。

しかも、ミチにはDRM（顧客情報管理）面でのデータ・顧客管理のノウハウの蓄積もある。これまでの実績からわかることは、新規顧客の獲得に注力している中でのリピート率（当月購入者数／前月購入者数）が約二三％であり、今後は五〇％を目指して、リピートにも注力する。

顧客の平均年齢が二二・九歳で二十代が六八％を占めていることから、十代、二十代をターゲットにした次の商品を企画する上での大きな励みになる。そのため、関連する企業に向けた商品企画・サービスなどのビジネスチャンスにも生かせる。

カエサルの命日

「やるからにはＩＰＯ（新規公開株）を目指したい」と言う中崎社長にとって、ＩＰＯへの道は、いかに他の商材、周辺ビジネスへの展開を拡大していくか。そして「ミチ」のブランドイメージを確立していくかが、当面の課題となる。

その過程では、Ｍ＆Ａということも考えられるが、すでにネイルチップ以外に、リングやブレスレットがアイテムに加わっている。コアコンピタンスは、買い手からもつくり手からも愛されるようなブランドづくりである。

ミチのネイルチップがユーザーの指を飾るシーンが増えれば、その指先に合う装飾品が必要になる。その先には、まさにカワイイ・ファッション・カルチャーが求められるからである。

中崎社長は一九八五年三月一五日、東京で生まれた。誕生日はローマ帝国に君臨した武将カエサルが暗殺された日である。

歴史が好きだという彼は、その時代の歴史を読んで、自らの誕生をカエサルに投影して、彼もまた歴史に名を残す生き方を意識する。だが、紀元前からは遠い二一世紀の今日、そのためにも、まずはベンチャーを成功させる必要がある。

父親が大手企業に勤めた後、コンサルタントになったこともあり、中崎社長もベンチャーを起業する前、外資系コンサルタント会社アクセンチュアに就職。システムエンジニアやコンサルタント業務を経験した。

厳しい外資系企業で、ガムシャラに働いて、ふと気がついたことは「プライベートを犠牲にして仕事にのめり込みたい」と考えていた彼が、仕事に対して全力を傾けることができなくなったことだという。

「それは自分にとっても不幸だし、会社にとっても不幸だという、みんなにとって不幸なことだと気がついて、結局、自分が寝る間も惜しんで働けるような仕事は、やっぱり自分でつくっていくしかない」

それが起業の原点である。だが「起業したい」という気持ちだけで、当時は何をやるかは決まっていなかった。

そんな彼がネイルチップに出会うのは、日本のモノを海外に売りたいと考える中からである。

ミチ（未知）なる道

日本を代表する国民的アイドルグループ「ＡＫＢ４８」の総選挙が行われて、全国的な話題となる今日。アイドルとは一見無関係に見える地域・業界にも、大きな影響を及ぼしている。

ＡＫＢ４８を中心に、立候補したメンバーが八〇位までの当選ラインを目指して競い合う。総選挙の仕組みは、要は年に一度のＡＫＢの祭典なのだが、ファンの人気投票がＣＤ等の売り上げに直結する。そのビジネス展開は通常のアイドル商法を超えて、日本の「カワイイ」をＡＫＢ４８に象徴されるアイドルグループにパッケージした新しいビジネスモデルだということがよくわかる。

すでに、元祖ＡＫＢ４８とは別に、名古屋（栄）のＳＫＥ４８、大阪（難波）のＮＭＢ４８、福岡（博多）のＨＫＴ４８を姉妹グループに持っているほか、海外ではインドネシア、台湾、中国に展開している。二〇一五年には新潟にＮＧＴ４８が誕生。その展開は人気フランチャイズチェーンのマーチャンダイジングそのものである。

「カワイイ」の源流をたどっていくと、日本の「もののあわれ」に行き着くところから、清少納言の『枕草子』の一節「なにもなにも、ちひさきものはみなうつくし」という表現になる。そうしたものの典型が、現代ではアイドルの指先を、思い思いの「カワイイ」で飾るネイルアート・ネイルチップなのだろう。

海外に輸出しやすい商材を考える中から、中崎社長が出会ったのが、そのクオリティの高さが評価されていたネイルチップであった。

しかも、素材がプラスチックのため、軽量で配送しやすい上に、関税がかからない。まさに、輸出商品としては理想的であり、世界を見渡しても競合がいないことから、ネイル事業をスタートさせる。

その「未知なる道」そして、世界への挑戦が、彼のスタートアップというわけである。

アクセンチュア

「終身雇用」という言葉は、日本でも死語となりつつあるが、特に外資系企業・コンサルタント業界では、多くの社員が数年、一〇数年で転職していく。近年は、その年数が短縮化する傾向もあり、多くの若いベンチャー・スタートアップが生まれている。

その背景には、外資系特有のシビアなビジネス環境がある。激務に耐えうる体力とメンタルを併せ持った向上心と、数字に強く、結果にこだわるプロ意識、ビジネスを戦略的に捉える思考能力が鍛えられる。

起業前、中崎社長が働いたアクセンチュア（旧アンダーセン・コンサルティング）もそうした典型的な外資系企業である。

二〇〇九年から二〇一一年にかけての二年半のアクセンチュア時代を「ちょっと長すぎた」というが、先輩・後輩の人脈、年収一〇〇〇万円から三〇〇〇万円のライフスタイルなど「その長所や短所も含めて、いい経験になった」と語る。

幸いだったことは、コンサルタントで入った会社で、主にやらされたことがプログラミングだったことで、いわば手に職がある。アクセンチュア出身者の人脈とともに、それが現在、大きな武器になっている。

辞めるのは、同期の芝辻幹也氏の「辞めたい」という話に「じゃあ、オレも」といった軽いノリで辞めて、二人で「株式会社フーモア」を立ち上げる。

とりあえず「日本のイラスト系の仕事をしたいという話から、貯金もなかったため、二人で受託をしまくった」という。だが、フーモアが軌道に乗り始めると、実は自分がそんなにイラストやマンガに熱意を込められないことに気がついて、結局、社長だった彼が抜ける形で独立。「株式会社ミチ」をつくったのが二〇一二年六月であった。

フーモア同様、ミチもスタート半年間は受託仕事をこなしていたが、それではアクセンチュア時代と何も変わらない。

「仕事を次々とこなしていても、全然面白くないなと感じる中で、今のネイルチップを買ってくれている十代とか二十代の若い女の子のためだったら、いくらでも自分の時間を注げるし、問い合わせに対応もできる。本当に自分のやりたい仕事は、企業間のB2Bではなくて、消費者相手のB2Cあるいはその先のC2Cだと気がつきました」

と、明るい表情で語る中崎社長のネイルチップ事業には、いわば若い男子の「モテたい」という思いがベースにあるようだ。

事実、彼のそれまでの生き方が、大きく変わるキッカケになったのが「モテたい」というキーワードであった。

そのモテたいも、中学時代はほとんど勉強しなかった彼が、後の東大大学院、そして世界へとつながっていくのだから、ハンパではない。

中学卒業後、何とか滑り込んだ私立成城高校で、彼は考えてもいなかった現実に直面する。いわゆるブランド校に行った中学時代の友人が、慶応高校というだけで女の子にモテている。ブランドの威力を思い知らされた最初の体験である。

やがて「モテたい」の一念で、彼は慶応大学を目指して受験勉強を始めた。塾に通い、テレビも見ずに受験勉強に取り組んだ。結果的に慶応には落ちたが、横浜国立大学（生産工学科）に合格する。

だが、その先にも上には上がある。就職か大学院進学か。卒業後の進路をめぐって、彼は合コンの席で「東大生ってカッコイイよね」という女の子の一言から、二カ月間、本気で勉強して、東大大学院に進学する。

東大に行って「横浜国立大学という小さなコミュニティでブイブイ言っていたのが、すごい恥ずかしくなった」というが、それまで『坊ちゃん』と『伊達政宗』の二冊しか本を読んだことがなかった彼は、がぜん読書に集中し、それまでの遅れを取り戻すかのような勢いで、一日一〜二冊のペースで読書を続けた。

大学院はコンピューター・グラフィック系の研究室に所属。大学院時代は自分にとっての「理想の人物を探そう」と、歴史上の人物について読み漁った。その結果「結構、すっきりしたのが、カエサルと『項羽と劉邦』の劉邦だった」という。カエサルは暗殺された日が彼の誕生日である。劉邦は作家・司馬遼太郎の小説『項羽と劉邦』でも人気の中国の英雄だが、秦・始皇帝打倒のために挙兵。ともに、秦の都・西安を目指す。名門の出の項羽が、いわば力で相手をねじ伏せるイメージのワンマンであるのに対して、庶民出の劉邦は優秀な軍師、武将をうまく使いながら慎重に極力、殺戮を避けながら、結果的に一代で漢帝国を創設する。

ワンマンタイプの項羽と協調性タイプの劉邦と、その対照的な生き方が、企業経営に当てはまることから、企業人にファンが多い。

中崎社長の場合は、カエサルと劉邦を合わせた形での理想の経営者像を目指しているようである。

ハートメイド

ネイルチップ事業を立ち上げるにあたって、中崎社長はガンホー創業者として、後進のベンチャー支援に力を注ぐ孫泰蔵氏（ＭＯＶＩＤＡ　ＪＡＰＡＮ　ＣＥＯ）が主宰していた「スタートアップ道場」に入門。ネイルチップ事業の新展開によって、スタートアップ道場の記念すべき第一号卒業生となる。

二〇一三年四月から、ネイルチップの海外販売をスタート。宝石のようにカラフルなデザインと技術レベルの高さは、フェイスブックページへの三七万を超える「いいね！」を突破。華々しいデビューを飾った。

「もともと海外でしか売りたくなかった」と考えてのスタートであり、当初はフランスに行ったり、ロンドンに行ったり、いろんな国のいろんな人にアプローチ。相手側の反応としては、かなり好感触で「売れる」という評価を得たのだが、それはシビアなビジネスの土俵というよりは、クール・ジャパン、カワイイ文化の一環としてのもの。その先のブランドづくりを含めた売り方、そして売り上げにつながっていかない。

その意味では、半ば成功、半ば失敗という形で、日本のカワイイはまだ世界では通用しないとの一面を実感する。だが、それはジャパン・エキスポ等の成功からも分かるように逆に可能性が大きいということの裏返しであろう。

ミチでは、現在、ECサイトでの販売からアットコスメ系列の店舗への展開と同時に、卸面の強化を進めている。当然、その先には「自社店舗もつくりたい」との思いもあるが「まだちょっと早すぎる」と、コストを考える経営者としての冷静さもある。

だが、クラウドソーシングの手法を用いたハンドメイド商品のネイルチップ、さらに身の回りのファッションアイテムを含めたブランドづくりは、いろんな意味で革新的なビジネスモデルになりつつある。

「もうちょっとスケールが大きくなってきたら面白いかな」というのも、メーカー、工場を持たないクラウドソーシングのあり方が、ネット時代のベンチャーの典型という意味があってのことだろう。

懸案の海外に関して、マーケティングその他、プロモーションの仕方やタイミングもある。「来年からはやろうかとは思っているんですけど」という中崎社長は、ブランドイメージを大事にしながら、ロンドン・パリ・ニューヨークでの展開を目指す。

そこに、世界に足りないものとしての日本のカワイ文化の幼さ＝弱さからは、次の事業へのヒントも見えてくる。

第三の人生

最近でこそ、大分風向きが変わってきたが、特に科学工業製品に不足しているのが、日本ならではの擬人化した機能、弱者の自覚からくる優しさ、オモテナシ、モッタイナイ、そしてカワイイである。

ミチのハンドメイド製品は、同時に「日本の心」が加味された、心尽くしのハートメイド製品でもある。そして、技術・モノから文化・心を、生活や商品に生かすことで、世界を変える小さな爪痕を残すことができる。

大雑把に人生のステージを思い描いている彼は、第一がサラリーマン時代、第二のステージは現在のベンチャー起業時代、その成功の後に、第三の人生がある。それが彼がいつかやりたいことである。

「いろいろ考えている中の一つが、動物園経営。今でもそこそこのお金ができたら、どこかの動物園を買い取って、オーナーとして、ウェブでの集客をするとか、ビジネスの観点からこれまで培ってきたノウハウを動物園業界に生かしたい」との思いもある。

家では陸ガメやイグアナなど「いろいろ変な動物を飼っている」という中崎社長は「どうせなら、捨てられて生態系が破壊され、社会問題になっている外来動物の保護施設にもなる、社会的に意義のあることをやりたいので」と、その夢を語る。

地位とお金とともに名声を得ていれば、その夢は実現する。

もちろん、その前にハンドメイドのクラウドソーシング事業、あるいはハートメイド事業を成功させる必要がある。

＊　＊

ネイルチップ事業の譲渡

人も企業も、いつまでも昔のままではない。事情は様々だが、成長し変わらなければ生きてはいけない。

五年前、持ち前のサービス精神にメディア戦略もあってか、ミチの中崎瞬社長は自ら「ネイル男子」として、多くのメディアに登場した。ライフスタイル、事業の狙いに関しても、若者特有の「モテタイ」をキーワードにしていた。

だが、いまは株式会社ミチと株式会社ネクスト（東京都墨田区）という二つの会社の社長である。

一方、将来的に「動物園をやりたい」という目標に変わりはない。経営者たる者、変わるべき点と変わらないモノ、その両方あって当然である。大きく変わったのは、事業の中心として立ち上げ、三方良しのビジネスモデルを確立。軌道に乗せてきたネイルチップ事業をあっさり譲渡したことだ。

「損はしていなくても、爆発的に伸びる感じじゃなかった」ため、どこか大きな会社への譲渡を考えるようになったという。

譲渡前の二年ほどは、東芝と組んで「オープンネイル」プロジェクトを手掛けている。オープンネイルは爪を３Ｄスキャンで撮って、３Ｄプリンターでネイルチップを出すというもの。東芝の中では女性向けのサービスがなかったため、社内ベンチャー的なチャレンジとして行われた。

東芝との連携は、彼にとってもネイルチップ事業を続けていくためのチャレンジであり、事業化に向けた実証実験でもあった。結果的に、高価なスキャナーを店舗などの拠点に配置する必要があることもあり、収益には結びつかなかったものの、テレビなどメディアでは注目されるなど、一定の成果もあった。「もともと出資を受けているということ自体が、少し窮屈だった」という彼は、譲渡により手に入れた金額で、ミチの全株を買い取ることができた。ミチはいまでは一〇〇％中崎社長の会社になっている。

ネイルチップ事業もコロナ禍による自粛、テレワークなど、外出の機会が減るといった生活環境の変化をダイレクトに受けている。中崎社長にとって、もし事業譲渡がコロナ後だったら、条件は変わっていたはずだ。その意味では、運も実力のうちである。

事業譲渡後は全国のネイリストもそのまま事業を続けられ、ユーザーも従来通りということもあり、中崎社長は後顧の憂いなく、新事業に取り組むことができた。

音声認識アプリ

ミチの新事業は製造業向けに音声認識を利用して、現場作業を「見える化」し、生産性の向上を図るアプリ「Ｈｉｔｏｒｉｇｏｔｏ」の提案である。

使用法は、スマホで作業内容を音声入力すると、例えば「いまから生産開始します」「生産を終了します」と話すことで、作業者が何をやっているかが把握でき、作業内容を記録したグラフが自動で作成される。

報告されるデータを元に、その担当者が組み立てにどのくらいの時間を使っているかもわかる。通常、工場の現場では誰がどんな作業を行っているかわからない作業が、いわば可視化できる。

実際の作業現場では、タブレットやパソコンを使ったりするのが、意外と難しい。そうした環境でも、話すことはできるため、音声を使うことによって、作業の効率化にも役立つ優れモノである。

だが、新しいモノを広めていくのは意外と難しい。

中崎社長も「ちょっと新しすぎて、製造業では受け入れられるのに、時間がかかっている」と、実情を明かす。

だが、すでにいくつかの導入事例がある他、現在は売上げ四〇〇〇億円規模の上場会社の工場で、実証実験が行われている。うまく行けば、グループ会社全体に採用されるという。

製造業自体がコロナの影響もある中で、営業に関しては、とりあえず成果を出して、二〇二一年から営業をスタートするという。

建設ITサービス

もう一つの株式会社ネクスト（中崎瞬社長）は、パートナーの廣田拓真取締役が工事関係の仕事に就いていたことから、二〇一九年一一月に設立された。

IT産業と建設業は、建設業がいわゆる体力勝負のガテン系で、対するIT系の人たちはどちらかというと、スマートなイメージがあって、職種のちがい以上にお互い水と油のような対立関係になっている。

だが、ITベンチャーの目から、実際の建設業を見てみると、そこはまったくITの恩恵を受けていない開拓すべき業界ということになる。

事実、設立に当たって、中崎社長は『建設業をテクノロジーで豊かに』をビジョンに、大規模修繕工事と建設ＩＴサービスを展開しています。建設業はＩＴの恩恵を受けていない業界です。建設業にＩＴを活用してもらうことで、『品質の高い工事をする』という本来提供すべき価値に集中していただくことを目標としています。ＩＴをフルで活用することで建設業を豊かにしていきます」と語っている。

ＩＴ事業と工事事業を二本柱に、工事部、システム開発部、ＳａａＳ事業部からなる。ＩＴ技術を用いた安全・品質管理面など、製造業同様、建設関係でもやることは多い。

「つくりたいサービスというのはいくつかあって、サービス自体もできているので、それらをパッケージで、クラウドサービスとして、あるいは部分的に必要とされるサービスを売っていく」という。

「ミチの音声認識アプリとネクストの建設ＩＴサービス、この二つの事業に共通しているのが、いわゆるレガシー的な産業分野だということです。そうした分野にＩＴを普及させていこうと思う」と、中崎社長は自らの使命を語る。

まだまだ、ＩＴベンチャーにとって魅力的な産業分野はありそうだが、製造業も建設業も、どちらも業界規模は大きい。

当面は両分野での地道な取り組みを続けながら、後日「もしかしたらもう一～二社つくるかもしれない」と語る。今後のミチ並びにネクストの活躍が期待される。

●日の丸ベンチャー　第7話

ローコスト・短工期「LCアリーナ」を全国展開するJSC株式会社

（東京都渋谷区／井口哲朗社長）

女子テニス全米オープン

二〇二〇年九月の「全米オープン」。女子テニスシングルス決勝で、大坂なおみ選手が元世界一位のビクトリア・アザレンカ選手を下して、二度目の優勝を遂げた。

前回、セリーナ・ウイリアムズ選手との決勝を制して、その勢いのまま全豪オープン（二〇一九年一月）でも優勝、一躍女子テニス界のトップに躍り出たのは、二〇一八年八月のことである。

だが、その後はコーチを巡るゴタゴタなどもあり、トップの座から陥落した。

コロナ禍の中、世界ランキング九位で臨んだ二年ぶりの全米オープンは、決勝で第一セットを落としながら、見事な逆転劇を演じた。「決勝で第一セットを落とした選手は優勝できない」というジンクスを二五年ぶりに書き換えての快挙だった。

全米オープン前哨戦では、米黒人男性が殺害された事件に抗議して、準決勝を一度は棄権する意思を表明することによって、注目を集めた。

全米オープンでは、これまで人種差別の犠牲となった黒人七名の名前を書いた黒いマスクを着用して臨んだ。

その姿勢は、テニスのプロ＝アスリートである前に、一人の人間であることを示す行動として、世界の注目を集めている。

とかく暗いニュースが多いコロナ禍の中、大坂なおみ選手の優勝という久しぶりの明るいニュースに、多くの人々が勇気と感動をもらった。

テニスに限らず、スポーツの持つ力は大きい。

二一世紀のキーワードの一つは「健康」だが、コロナ禍による自粛生活が続いて、その健康が脅かされる中、重要なことは自らの免疫力の増強であり、ストレス発散の決め手となるのも、適度な運動である。

スポーツ、運動環境が変化する中で、スポーツ施設、体育館等の必要性が増している。そこには、運動・健康面だけではない、近年、問題となっている台風などの災害時の避難場所としての役割が求められていることもある。

これまでのような、大きければいいという箱モノではなく、二〇一六年、その名もズバリ「ローコスト（LC）トレーニングアリーナ・体育館」と称する新工法（以下LCアリーナ）を開発したのが、JSC株式会社（井口哲朗社長）である。

LCアリーナが建設業界ばかりでなく、アリーナ不足に悩むスポーツ関係者、財源難に苦しむ自治体関係者などに注目されるのは、建設費が約二〇億円、工期が約六カ月という従来では考えられないローコスト・短工期を実現したからでもある。

まずは、コロナ前の状況を知るため、初出の『エルネオス』の「ベンチャー発掘！」（二〇一九年七月〜八月号）を再録する。

＊　　＊

アリーナ立川立飛

野球やサーカー、卓球、フィギュアスケートなど、スポーツの世界はさまざまなドラマと感動に満ちている。不正や暴力、破壊や対立など、何かと暗い話題が多い世の中には欠かせない明るい話題を提供する。

平成の終わりに新しい時代、新しい日本人像を強烈に印象づけたできごととして、女子テニスの大坂なおみ選手の快挙は記憶に新しい。元世界女王セリーナ・ウィリアムスを破っての全米オープン優勝そして日本での凱旋試合となった東レパンパシフィックオープンは、準優勝に終わったとはいえ、世界四六カ国に中継された。

勝っても負けても、その発言、動向が世界のニュースになるスターの誕生に日本ばかりか世界が注目している。

そんな大坂なおみ選手の活躍とともに、一躍脚光を浴びたのが、建て替え中の有明コロシアムに代わり、会場となったアリーナ立川立飛である。「何で立川？」という声もある中、その存在は彼女のおかげで日本ばかりか世界に発信された。

二〇一七年に完成した同アリーナは、不動産開発の立川立飛ホールディングス（村山正道社長）が三井不動産と共同で開業した商業施設「ららぽーと立川立飛」に隣接する民設民営アリーナとして、スポーツによる地域の賑わい創出を謳っている。

現に同アリーナは選手やスタッフばかりではなく、観客にとっても使いやすいアリーナとして、バスケットBリーグ「アルバルク東京」がホームにしている他、フットサル、ハンドボール、大相撲夏巡業など屋内プロスポーツの多くが開催されている。設備に付帯する機材も自社開発するなど、最先端の映像・音響設備も整っているため、各種エンターテイメントにも利用される人気のアリーナとなっている。

同アリーナが建設業界ばかりでなく、アリーナ不足に悩むスポーツ関係者、財源難に苦しむ自治体関係者などに注目されたのは、建設費が約二〇億円、工期が約六カ月という従来では考えられないローコスト・短工期を実現したからでもある。

二〇一六年、その名もズバリ「ローコスト（LC）トレーニングアリーナ・体育館」と称する新工法（以下LCアリーナ）を開発したのが、JSC株式会社（井口哲朗社長）である。

スポーツ庁によると、二〇一四年時点で建設後五〇年以上を経過した公共スポーツ施設は一九％で、二三年には三六％になるという。延命化のための老朽化対策にも限界があり、アリーナ不足がますます深刻化する中、急成長著しい注目のベンチャーだ。

地域再生を掲げる自治体も財政的な余裕はない中で、ローコストアリーナはスーパーゼネコンがリードしてきた日本の建設業界を揺るがす〝革命〟とも言える。同時に、それは時代の要請でもある。

ビジネスパートナー

「価格破壊」とも言える革命的なLCアリーナだが、安さには理由がある。

社名のJSCは、前社名である「日本建設構造センター」から来ているように、専門である構造設計面での強さを生かした結果、安全で使い勝手のいい構造と同時に、従来の工法の半分程度の建設費と工期を実現した。

大きなちがいは、従来の工法では建築デザインが決まった後に構造設計事務所が建設設計を立てていく。つまりは、当初のデザインにコストをプラスしていく発想であるのに対して、LCアリーナの場合は安全性とコスト削減をテーマに、どうすれば実現可能かを考えていくという逆の発想である。

そのためには、パッケージ化された部材を用いて、施工まで一貫して行う。工場で製作した躯体を、現地で組み立てることで、工期を大幅に短縮、人件費を抑えている。

LCアリーナの第一号モデルとなったのが、二〇一七年二月着工、七月に完成した「VR　ZONE新宿」である。同年三月着工、九月に竣工したアリーナ立川立飛に続いて、一八年の一月に着工、六月には東京臨海「船の博物館」敷地内にパラスポーツ専門体育館「日本財団パラアリーナ」がオープンしている。

工費は約八億円。アリーナの規模からすると二〇億円はかかるところ、半分以下の建設費で完成した。また、車椅子バスケットやラグビーで滑り止めに使う松ヤニの代わりに専用クリーナーを開発、簡単に拭き取ることができるなど、様々な工夫が施されている。

車椅子を使用することや松ヤニがつくといった理由で、使用を認められていない施設が多い現在、パラスポーツ振興を目的とした日本初のバリアフリーアリーナ・体育館として、画期的なものとなっている。

「プロポーザル入札で、三社の中からウチは実績もないため提案書の中に〝ローコスト・短工期〟を謳いました。構造設計を専門にしてきたことで、ローコスト・短工期でも安全なものができることを一生懸命説明した、その姿勢・熱意が受け入れられたのだと思います」と、井口哲朗社長は当時の思いを語る。

アリーナ立川立飛とパラアリーナの存在は、いまではLCアリーナのためのショールーム的な存在となっている。

アリーナ立川立飛そして日本財団パラアリーナを手掛けることで、一躍脚光を浴びたJSCは、現在、全国のアリーナ不足に早急に対応できるための全国受注・施工体制を構築。特に、小規模のアリーナや体育館は、地域の施工業者や建設業者の情報収集力が高いことから、彼らと連携することによる全国展開を進めている。

具体的には、二〇一八年一二月に行われた東京でのビジネスパートナー募集説明会を皮切りに、二〇一九年の二月から四月にかけて、仙台・福岡・札幌など全国八カ所で説明会を開催、二〇一九年度は三〇社以上を確保、一〇棟以上。三年後には一〇〇社以上のパートナーを確保し、五〇棟以上の受注を見込んでいる。

なぜ、スーパーゼネコンが幅を効かせる建設業界で、革命的なLCアリーナを開発。大手建設業者を向こうに回して、実績を積むことができたのか。要は、表からは見えにくく地道だが、しかし現在もっとも必要とされる安全のために不可欠な構造設計を専門にしてきた強みが遺憾なく発揮されている。

構造設計への道

井口社長は一九五〇年、鹿児島県奄美大島に生まれた。小学生時代を奄美大島で過ごしたが、駐在所勤務の警察官だった父親が子供たちの教育のため、職を辞して、その後は鹿児島で育った。成績優秀な兄姉とはちがって、高校卒業後、早く社会に出て、自分で稼げるようになりたいと考え、日本鋼管工事に入社した。

高卒・大卒約百二〇人が同期入社したという中で、彼は技術を身につけて独立するつもりだった。現場に回された彼は、やがて設計への異動を申し出たのだが、設計部門は大卒・大学院出の牙城である。工業高校でも建築ではなく機械科卒の彼に出る幕はなかった。

設計がやりたかった彼は、あるプラントメーカーに転職するのだが、そこにも大学閥があって、学卒以外では設計や新規開発部門には行けない。ずっと現場を回っていて、出世の見込みもないことから、二五歳のときに、いわば人生をリセットするために鹿児島に帰った。

だが、地方ではこれといった仕事がない。「そこで将来、一級建築士の資格でも取れば、独立できるかなと思って、何社か設計事務所に行ったんです。でも、工業高校の機械科卒ですから、どこも門前払いです。そんな中で、経験のない自分を、最終的に拾ってくれたのが、個人でやっていた設計事務所。いわば構造設計の丁稚奉公みたいなものです」と、構造設計との出会いと苦労の一端を語る。

建築士になるにあたって、彼は花形の設計・デザインも、建築の基礎も勉強していないことから、みんなとちがうこと、中でも「みんなが一番嫌っている構造計算なら、何とかなる」と考えて、構造設計の道に進む。

苦労の末、何とか二級建築士を取得。多少の経験を積んで、三〇歳のときに、総合設計事務所に就職した。たまたま構造設計の前任者が辞めて、求人があったためだが、いきなり経験のない彼が構造設計のチーフである。

「すごいプレッシャーだった」というが、構造設計を専門に学んだことのない彼は、一五人ほどの設計者から仕事が回ってくると、疑問点を調べに、鹿児島大学の図書館に駆け込んだ。図書館で本を調べながら、構造に関するすべてを独学で身につけたという。

やがて、二級建築士として四年間の実務経験を積んだ後、一級建築士となる。総合設計事務所の取締役を最後に、三十代で独立。一九八九年一月に井口設計有限会社を設立すると、たまたま福岡ドームの仕事が入ってきた。

九州の構造設計事務所で三次元ＣＡＤが使えて、専門性があることが評価されてのことだ。その後は、行政の仕事をするという選択肢もあったが、そこには三〇年前から仕事をしている設計事務所の存在があって、新参者は入札するにしても、Ｃクラスからということになる。

そこで、彼は市場を鹿児島に求めず、いつか東京にもう一回出て行こうと考えていた。そんな彼に、ある人材派遣会社から声がかかった。

それが三年間関わることになる渋谷の超高層総合ビル「セルリアンタワー」の設計管理の仕事

であった。

鹿児島に、当時五〜六人いた事務所のスタッフに「自分は東京に行く」と伝えて、彼らの移転先を世話した後、会社を畳んで、単身上京したのが四七歳の時だ。

「家族は賛成してくれましたが、同級生なんか『どうして東京に行くんだ』と非難轟々でした。みんなUターンで鹿児島に帰ってくるのに、その逆ですから」と、当時の決断を振り返る。

二〇〇一年五月の開業後は、上海森ビル（上海ワールドファイナンシャルセンター）の仕事を行うなど、構造設計専門の設計事務所として実績を積んでいった。

姉歯耐震偽装事件

本来、目立たず地味な仕事である構造設計が、一躍脚光を浴びることになったのが、いわゆる姉歯事件であった。

二〇〇五年一一月、国交省が姉歯設計事務所が担当したホテルやマンションの耐震強度が不足していると発表したことから発覚した耐震強度構造計算偽装事件である。姉歯による偽装物件は合計九九件で、うち四二件が自治体が建築確認を担当していたこともあり、訴訟騒ぎが起きるなど大問題となった。二〇〇七年六月に耐震偽装の再発防止を狙った改正建築基準法が施工されるなど、その影響は大きい。

事件当時、構造計算の専門家として、姉歯物件の再調査を手がけ、井口社長はテレビのコメンテーターとして登場している。同業者はみなゼネコンなどと利害関係があって本音を話せず、独立系の井口社長のところにお鉢が回ってきたためだ。

当時はテレビで顔が売れたこともあり「井口さんのところでやってほしい」と、大量の構造計算書が、全国から送られてきた。

「建設不況と言われていた中で、ウチは一年先の仕事がありましたから、あのときはホントに上場できると思いました」と、その忙しさを語るが、上場は下請けなど請け負い業種では不可能だとわかって、その後はメーカーの道を模索する。

二〇〇六年には耐震性に優れたマンション選びの比較支援サイト「耐震ドクター」を開設。デベロッパーが公表しないマンションの構造設計、耐震設計のポイントがチェックできることから、大ヒット商品となった。

そして、長年、縁の下の力持ち的な仕事を続けてきたＪＳＣが、社運を賭けてＬＣアリーナの開発に取り組むのは、二〇一五年四月、バスケットのＢリーグが誕生したことによる。

三〇〇〇人、五〇〇〇人規模のホームアリーナを持つことを、資格要件とするとの川淵三郎チェアマンの発言に着目。ＪＳＣは総合スポーツ＆エンターテイメント企業へ、大きな第一歩を踏み出す。

Bリーグ誕生

ＪＳＣが社運を賭けてＬＣアリーナの開発に取り組むのは、全国のクラブや自治体からの相談が相次いだこともある。

Ｂリーグ発足をビジネスチャンスと見た井口哲朗社長は、従来は数百億円かかるアリーナ建設費を数十億円に抑えられないものかと、コスト並びに構造面ではシステム建設のパイオニア・横河システム建設（大島輝彦社長）と提携。同社のノウハウを活かすとともに、プロリーグやクラブ運営経験者をプロジェクトチームに迎えて、使う側から見たアリーナ施設の課題を追求することで、ＬＣアリーナを完成させた。

井口社長は、当時、不動産開発の立飛ホールディングス（村山正道社長）がアリーナ建設を考えているとの情報を得て、早速、模型を持って提案に行くのだが、安いとはいえ、二〇億円近くかかる。コストを下げるため、屋根をテント構造にする案も出たというが、台風などを想定すると現実的ではない。結局、建設費は最終的に二〇億円につり上がった。

立飛ホールディングスとしても、当初の予算のおよそ三倍になることから、取締役全員が反対だったという。アリーナ建設がスタートするのは、村山社長のリーダーシップによる。

だが、お互いが初めての取り組みとあって、基本設計料の四〇〇〇万円は「もし予算の範囲内で収まらないときには支払わない」との条件付き。ＪＳＣでも「社長、そんな無理な話は止めましょう」と、全員から反対された。だが、ＬＣアリーナの将来性に賭けていた井口社長が、全員の反対を押し切って、アリーナ立川立飛は完成した。

同アリーナは今ではスポーツ以外のエンタメ・イベントにも利用される人気のアリーナとなっている。同時に、ＪＳＣのショールーム的な存在となっている。

予算内で収まったことから、基本設計料も支払われて、井口社長としても一安心したわけだが、一つだけ誤算があった。

儲かるアリーナ

近年、プロバスケットBリーグやサッカーＪリーグでも、Ｊ1のスタジアム要件が満たされずに、昇格できないといったアリーナ不足を象徴する悲劇が起きている。

そこにビジネスチャンスもあり、アリーナビジネスがスポーツに限らないことを証明したのが、アリーナ立川立飛の成功である。

実は、ＪＳＣでは当初、アリーナ建設予定地を賃貸してもらって、企画・設計・施工の他に運営を自社でやる予定であった。そのため「土地を貸して下さい」と申し出たのだが、話は意外な方向へと展開していく。

立飛ホールディングス側としては、土地を貸すにしても、構造設計を専門にしてきたＪＳＣが、施工はともかく運営というのは解せない。そこで、三〇〇〇人規模のアリーナに関する各種データを基にシュミレーションした収支内容を提出した。その収支内容を見て、運営は立飛側でやることになり、設計と施工をＪＳＣがやることになった。

運営を譲ることになったのは、誤算ではあったが、結果的にＬＣアリーナを自社で運営すると、実は十分に採算が取れるという貴重な証明例となった。

そして、アリーナ立川立飛の建設が、井口社長にとっても大きなチャレンジだったのは、本来、構造設計事務所のＪＳＣは、それまで施工は手がけていなかったためだ。

「施工まで自社でするため、工事免許の資格を申請していたんですけど、設計が終わったのが一〇月、一一月に免許が下りて、無事工事が始まりました」と、まさに綱渡りの状況の中での建設であった。

だが、工事実績のないＪＳＣに、銀行は金を貸さない。「一年間、苦しかったですね」と語る、そうした金銭的な苦労を何とか乗り越えて、アリーナは完成した。

工事を頼んだ立飛側も、ＪＳＣが途中で潰れては元も子もないため、それ相応のリスクを負ってくれた。アリーナの完成は、まさにＪＳＣの将来を占う分岐点となった。

「建設は納期があるため、最後はウチは職人がいないので、社員全員に作業着を着せて、応援に行った。会社に行かずに、作業現場に行くことで、いわば非常事態を乗り切りました。応援部隊の登場で、現場は盛り上がった。アリーナ立川には本当にいろんなドラマがあって面白かったですよ」と語る。今では汗と涙の思い出である。

指定管理者方式

建設業界では最近も賃貸アパートの施工不良問題が社会問題となっているが、耐震偽装とともに、談合問題が常に話題になる。業界関係者によれば、オリンピック競技場の不思議な展開とともに、東京都の豊洲新市場などもホテル並みの建設単価になっていると呆れている。

それで使い勝手が良ければまだしも、使い勝手が悪くて、後々ボロが出てくる。それは原則的に指定管理者制度をとる多くの自治体がつくるアリーナ・体育館施設なども似たようなものである。その多くが運営の経験のないところに、指定管理者として丸投げする。その結果、行き当たりバッタリの企画と訳のわからないイベントなどで、興行実績・利用実績は上がっても、要は赤字の垂れ流しになる。

表向き、公設民営となっていても、そこに民営の良さは見られない。お役所仕事の延長でしかないからこそ、JSCの活躍の余地と同時に躍進の秘密もある。

「大きなアリーナやスタジアムを二〇〇億円かけてつくるよりも、ローコストのものを県内に数カ所つくってくださいと、提案しています。そうすると、スポーツをする人たちが、利用しやすくなって、それぞれのスポーツの普及・振興に役立つし地域活性化にもなる」と、井口社長はJSCとしての社会貢献を語る。

JSCがビジネスパートナー募集を進めているのも、民設民営でPFI（プライベート・ファイナンシャル・イニシアチブ）の利用を進めているのも、財政面での余裕のない地域で、民間資金と企業経営のノウハウを用いるビジネスモデルだからである。

地元の建設業者も、これまでは大手の下請けにしろ、自前の仕事にしろ、要するにつくるだけだった。ＪＳＣのビジネスモデルが画期的なのは、つくった後に自分たちが運営まですることによって、利益の出るビジネスになり、地元の活性化にもなる。そのためのノウハウ、コンテンツはＪＳＣが提供する。

ＪＳＣの強みはいろいろあるが、要は単純なローコストではないこと。これまで建設業者があまり注目しなかった構造設計技術力を前面に出して、新たな価値をつけ加えていること。さらには、機能的なデザインとともに、スポーツとエンターテイメントの両方に対応できる、そのための設備が充実している。

イベント用の大型ビジョンも、通常は輸入ものを使用するため、二〜三億円ほどかかるところ、ＪＳＣでは新たに自社開発して三〇〇〇万円という低価格を実現している。

初期投資をいかに下げるかは、後々運営に響いてくるからだが、そのために必要なものは、すべて開発するなど、いかにローコストにするかに徹底している。

ＬＣアリーナの開発過程では、いくつもの特許も生まれている。例えば、椅子一つとっても、アリーナでイベントを行うときは、椅子は消防法により固定しなければならない。

通常はアルバイト学生を雇って並べる。アルバイト三〇人が二日がかりで設置するのも、それが当たり前だから、なかなか変えようという発想は生まれてこない。

「運営をやると、そこからいろんなアイデアが生まれる」というが、実際に運営をやってみれば、二日がかりで椅子を並べるのは、この時代にかなりナンセンスである。

「何とか半日でできないか？」というところから、アイリスオーヤマ（大山健太郎会長）と共同で開発したのが、現在特許申請中のワンタッチで、設置できるLCアリーナの椅子だ。

その意味では、運営までやろうと決断したことが、いろんな広がりを生んでいる。それが特許やノウハウとなり、LCアリーナを普及するための推進力にもなっている。

スポーツ＆エンタメ以外にも、LCアリーナは新工法として画期的なため、意外な業界への広がりが生まれている。

日本財団のパラアリーナは東京にしかないが、本来であれば全国各地になければならない施設である。そのためのノウハウの蓄積もまた、今後生きてくるはずである。

LCアリーナのビジネスパートナーでもある首都圏で躍進著しいスーパーでも、柱のない大型店舗でのLCアリーナの採用が決まっている。あるいは、全国でマンションなどを展開する鹿児島の企業グループがビジネスパートナーになるなど、LCアリーナに注目する企業が増えている。

スポーツ＆エンタメ企業

従来のアリーナはスポーツをすることが前提の体育館であり、利用者が限られるため、施設の稼働率は上がらない。JSCではスポーツとエンタメの二本立てにする発想により、集客力を持ち、利益が生まれるようにしている。

日本での本格的なスポーツ＆エンターメント企業を目指すＪＳＣでは、基本的にスポーツを三〇％。七〇％を音楽や展示会などのイベントに対応できるように、企画から設計、施工、運営まで手がけていく。

ＬＣアリーナの運営面では、後継者でもある井口基史取締役（四〇）の存在が大きい。学生時代からバスケット一筋で、大学卒業後は各地のプロバスケットチーム四社の運営に携わり、ＪＳＣに来る前はクラブチームの社長として経営面を見てきた。

「人生の半分以上を体育館で過ごしてきたので、体育館を語らせると、つい熱が入って長くなる」と語る。その経験が、ＬＣアリーナにすべて活かされている。

エンタメに関しても、大型ライブハウス「Ｚｅｐｐ」の運営に携わってきた経験者など、エンターティメント分野の専門家を迎えることによって、ＪＳＣのＬＣアリーナビジネスは展開している。

アリーナ立川立飛からスタート、着々と実績を積んでいる現在の状況を「こうなると、予想してました。スポーツ・エンタメ以外でも、新たな可能性はいっぱいある」と断言する。

その目指す形はスポーツとエンタメが両立している本場アメリカである。一万〜三万人規模のアリーナがたくさんある。ＪＳＣは、中規模の三千人、五千人のアリーナを主体にする。すでに「海外へ進出してほしい」というオファーは受けているが、当面は「東海道ベルトライン」に数カ所のアリーナを自社でつくりたい。その実績を元に海外へ」と語る。

まずは国内を確立するのが先決である。

ＪＳＣの本格的な快進撃が続く。

＊　＊

コロナ禍中の二〇二〇年三月から五月、ＪＳＣでもテレワークを余儀なくされ、いまでは本格的なＩＴ、オンラインを使った社内体制が確立しているという。

立川立飛アリーナ、台場パラアリーナに次ぐＬＣアリーナの建設は、地元説明会が開催できないなどによる遅れはあるが「二〇一九年まで手がけていた営業案件が、ようやく実になっている状況です」と、井口哲朗社長としてもホッと一息のようである。

アリーナや体育館の建設は、話がまとまったからといって、すぐに建設というわけにはいかないからだ。

それでも、立川立飛アリーナと台場のパラアリーナを完成させたことが、今日の結果につながっている。

これまで、アリーナ・体育館建設はいわゆる大手ゼネコンの仕事である。だが、大手が入ると、一気にコストが跳ね上がる。極端なケースでは、四国の人口八〇〇〇人の地域に、合併を機に、メインアリーナとサブアリーナという総合体育館を提案、総額一三億円という試算がなされたこともある。

たまたま、地元に建設の専門家がいたことから、ＪＳＣに連絡が来て、一年かけて計画の見直しをした。

ＬＣアリーナであれば、ある程度、金額が決まっている。いわば明朗会計である。大手ゼネコンにとっては目の上のタンコブだが、バブルの時代ならさておき、いわゆる箱モノを競う時代ではない。

いままでは、特に営業をしなくても、地元の関係者と地元ゼネコンが「予算がないので、安くつくりたい」といってやって来るという。

「早く第二・第三の〝立川立飛アリーナ〟をつくっていきたい」というが、すでに全国一七市町村でのプロジェクトが進行中である。

これから五年ほどかけて、順次、実施設計、現場着工になる。二〇二〇年から二一年は静岡の他、大分、下関、名古屋など、時期が重なっている。

うれしい悲鳴の一方、それだけの事業を一社で賄えるのか心配にもなる。

そこで開発されたのが、ＡＩを用いたＬＣアリーナに伴う構造計算の最適化ソフトである。

構造計算最適化ソフト

コロナ禍を横目に、ＪＳＣではＬＣアリーナ事業と並行して、ＡＩを使ったソフト開発に取り組んできた。

スマホに計画する建物の形状、建設地などの情報を入力すると、躯体の鉄骨数量、スパン割など、最適な構造計画を算出するというソフトである。最適化は長年、業界の研究課題だったというが、現在使われている競合他社の各種計算ソフトでは、その手の自動計算できるものがないという。

ＡＩ活用による構造最適化ソフトの開発の背景には、構造設計の資格者（構造設計一級建築士）の不足・払底がある。特に、資格取得までのハードルが高く、資格者の高齢化が進んでいる。そこで、研究開発型企業として取り組んできたのが、東京理科大学・山川誠教授（工学部建築学科）を全体監修としての同プロジェクトだ。

きっかけは、一般社団法人「日本構造設計技術者協会」（ＪＳＣＡ）の機関誌「ｓｔｒｕｃｔｕｒｅ」（二〇一九年七月）に掲載された山川教授の論文「最適設計と構造最適化」を読んだこと。山川教授は日本の構造設計最適化の研究に関する第一人者である

「ＡＩ活用による構造最適化ソフト開発」目的の一つは、構造計算ソフトをつくって、全国の大学で構造設計を目指す学生向けに安く提供すること。

もう一つは、実務的にアリーナや体育館など長スパンの構造式計算に関するソフトがないことから、自社の構造設計の効率化を図る。同時に、他社にも販売していく。

大学側としても、アリーナ・体育館は防災拠点として位置づけられ、近年の台風や異常災害面

からも、社会インフラ整備事業の一環として、大学の理念と一致していること。共同開発後のソフト販売先に、アカデミー（工業高校、高等専門学校、大学等）が想定されていることから、社会貢献事業として、大学の理念と一致している。

大手建設会社・設計会社からのアプローチがある中で、山川教授がＪＳＣをパートナーに選んだのも、決め手はＬＣアリーナの可能性と、構造設計に関するこれまでの実績があったからであろう。

すでに、二〇一九年一〇月に取り組みを始めて、二〇二〇年四月から本格的な共同研究プロジェクトがスタートした。

実際のソフトには、単なる計算ソフトではなく、構造設計という分野に対する門戸を広げるため、他の要素、例えば若者を意識して、ゲーム感覚で構造設計ができるようにするなどの工夫を凝らしている。

「一般的な構造計算では様々な条件を比較検討しながら、一級建築士が一週間、二週間かけて最適な断面を出す。それがこのソフトを使えば、ベテランでも新入社員でも同じに構造計算ができてしまう」と、語る。

二〇二一年からは、早速ＬＳＣが手がけているＬＣアリーナの構造線型に威力を発揮することになる。画期的なソフトの今後の展開が期待される。

第三部　「和」の力を育むイノベーション

カッコいい大人が教える日本一温かいおもてなし株式会社広沢自動車学校

（徳島県徳島市／祖川康子会長・祖川嗣朗社長）

教育の重要性

教育の難しさは、どういうところにあるのか。『学問のすゝめ』を書いた福沢諭吉は「天は人の上に人を造らずと言えり」と書いた。文明開化の推進と同時に彼は、富国強兵の国策に沿って、肉鍋・肉食を奨励した。

言葉や漢字が良くできているのは、肉という文字に限らないが、肉は門構えの中、人の下に人と書くように『学問のすすめ』の一文とは矛盾することを、字の成り立ちが教えている。

その書と字の如く、平和が声高に叫ばれながら、およそ平和とは程遠い争いと格差に満ちた世界ができている。理論と実践、発言と行動の難しさがよくわかる。

教育の難しさの一端に触れたのは、今日の企業社会においても、あるようでない、あっても機能していない典型的なものが、実は教育ではないかと思ってのことである。

二一世紀のビジネスにおけるキーワードは、いろんな言い方ができるが、ある意味3K＝環境・健康・教育であるといえる。その3Kを推進していく上で、IT技術を用いることがビジネスのみならず持続可能な社会、世界のための条件となる。分けても、教育はその進路を左右する重要なベースである。

「自動車教習所」業界にあって、教習所ではなく、あえて「学校」を名乗る教習所もある。そんな一つ、株式会社「広沢自動車学校」（祖川康子会長）では教習所を「学校」つまりは教育産業と捉えている。

若者のクルマ離れが進行し、自動運転の時代の到来など、自動車学校は近い将来、自動車産業とともに確実に、それも大きな変容を遂げることになる。

自動車学校経営を父親から継承し、各種経営者賞を受賞した彼女が、二代目社長としてもっとも力を入れたのも、教育である。

現在の広沢自動車学校の特徴をもっともよく表しているのは、そのキャッチフレーズ「日本一、心温かい自動車学校を目指して」「日本一笑顔が集まる自動車学校となる！」との経営ビジョンを掲げていることだろう。

二〇二〇年一〇月、長男（祖川嗣朗「シンク・スリー社長」）に社長の座を譲り、自らは会長に就任した。女性経営者ならではの母性の経営の、次世代への引き継ぎである。

まずは、これまでの広沢自動車学校について知るために、初出の『エルネオス』の「ベンチャー発掘！」（二〇一八年一月〜二月号）を再録する。

＊　　＊

おもてなし企業選

若者のクルマ離れが進行し、自動運転の時代の到来など、近い将来に自動車産業とともに確実に、しかも大きな変容を遂げることになるのが自動車教習所・自動車学校業界である。

その過渡期にある業界で、自動車学校の枠を超えた活動で、人気を博しているのが、株式会社「広沢自動車学校」（祖川康子社長／当時）である。

本来、ドライバーに運転技術と交通安全ルールを教える自動車学校は、国土交通省並びに警察に代わり、運転免許取得の手助けをすることによって、自動車産業を縁の下で支える重要な教育機関である。その重要な使命はすぐには変わることはないとはいえ、廃業を含めた変化・対応を余儀なくされている業種の一つである。

その意味ではベンチャーとは程遠い存在に思えるが、そこにはあらゆる企業に共通する企業の宿命、栄枯盛衰と存続のためのいわば見本がある。そして、次の時代への理想的な引き継ぎの仕方を実現しようとしている。それこそ、女性経営者ならではの母性の経営、次代への引き継ぎである。

現在の広沢自動車学校の特徴をもっともよく表しているのは、そのキャッチフレーズ「日本一、心温かい自動車学校を目指して」「日本一笑顔が集まる自動車学校となる！」といった経営ビジョンを掲げていることだろう。堂々と日本一を謳えば、生半可な努力や取り組みではすぐにボロが出る。

人に言えない苦労、紆余曲折があったとしても、二〇一四年には祖川康子社長が徳島県内で活躍する女性を顕彰する「ＡＷＡおんなあきんど大賞」を受賞。さらに二〇一六年には同校が経済産業省の「おもてなし経営企業選」に選出されている。同企業選は、社員の能力と意欲を最大限に引き出し、地域や社会との関わりを大切にしながらサービスの付加価値向上を実現する経営を「おもてなし経営」とし、地域の経営者が目指すべきビジネスモデルとして推奨。おもてなし経営を実現している企業とのお墨付きを得ているように、自動車学校の枠を超えたベンチャーとしても脚光を浴びている。

業界にあっては、他社との価格競争に陥ることなく、年間入校者が一〇〇〇名を超える徳島県内随一の人気を誇っている。

成果主義

広沢自動車学校の創業は、一九六二年。祖川社長の実父・広沢勝氏が営んでいた製材業の移転に伴い、跡地に設立したもの。不安定な商売の厳しさを知る父親は、子供たちには手に職を持たせるため、医学部に行くことを教育方針にしていた。

祖川社長も京都薬科大学薬学部を卒業。薬剤師の資格を得ている。卒業後の一年間、広沢自動車学校で働いた後、結婚、家事と育児に専念する。

だが、人生は思い通りにはいかないと同時に、思いがけないチャンスも用意する。ご主人が産婦人科クリニックを開業すると食事を任され、素人料理とはいえ「主婦がつくるおもてなし料理」として、入院患者に喜ばれたという。産婦人科の手伝いで手いっぱいのはずだが、そこに父親からしょっちゅう呼び出しがかかる。「仕事中です」と言っても、厳しい父は「そんな仕事は人に任せてしまえ」と言って、何かと呼びつける。

広沢自動車学校の引き継ぎをどうするのか。医者になった長男は継ぐつもりはない。父親としては、祖川社長しか選択肢はないのだろうが、他家に嫁いでいった身でもある。「自分がやっていいものか」と思いながら、ずいぶん迷う時期が続いたという。

そんな彼女の背中を押し、決断させたのは「跡継ぎがなければ、売ってしまおうか」という話が出てきた時である。そうなると、手放すのは惜しい。残すためには、自分がやるしかないという気持ちが強くなって、一九九五年に副社長に就任する。

「当時は免許を取得する若者も多く、組合活動も一段落して、みんなで慰安旅行も海外に行くなど、経営的に安定していた一番いい時代でした。でも、そういう時代って、長続きしないんですね」と、祖川社長はその後の苦難を振り返る。

三年間、順調だった業績は、その後、幹部社員の退社やワンマンである父親の昔ながらのやり方に社員の士気も下がり、組織の存続に関わる状態となる。

副社長という肩書はあっても、経営のすべてを任されたわけではない。同業他社の中で広沢自動車学校だけが業績を落としていく。

そんな悶々とした日々が続いたある日、ついに彼女は、製材業を継いだ叔父に相談、父親からの〝独立宣言〟を行う。

二トップ体制では思い切った社内改革ができないため、このままでは副社長を続けていくことはできないとの祖川社長の決意と「彼女に任せてやれ」という叔父からの一言で、彼女が経営権を握るようになる。

二〇〇八年一一月に二代目社長に就任。最初にやったことが経営理念の見直しであった。

というのも、副社長時代に業績の回復を目指して三年ほど続けた成果主義は、二〇〇七年には廃止していた。理由は入校者数は劇的に増えたのだが、それが業績に直結しない。その分、コストもかかって利益が上がったかというと、そうとも言えない状況が続いた。

ひとまずV字回復は、やればできるということがわかったが、問題は経営の内情が社員には伝わらないことだ。

表向き業績は回復している。事実、利益も上がってはいるのだが、父親の代に赤字決算を避けるため、業績が落ちた時に償却せずに、積み残してきた損益分がある。経営者としては、その償却に利益を充てる必要もある。

もちろん、社員には業績に応じて、それなりに待遇を改善してきているのだが「これだけ頑張っているのだから、もっとインセンティブがあるはずだ」と考える。十分あげているつもりでも、それでは収まらない。しかも、成果主義のもとでは、より報酬を得るために、さらに努力しようという頑張りが、社員同士の成果の奪い合いになっていく。

そこでは頑張って幹部になっていく者もいるが、逆についていけない者が不満分子になっていく。それを見ていた時、このまま続けていては、余計に社内がすさんでいく。

そんな社内の状況に「何のために仕事をしているのだろうか」と、改めて考えた時、彼女が思い浮かべたのは、産婦人科クリニックでの仕事であった。子育ての傍ら、入院患者のために素人のおもてなし料理などに取り組んで、元気な赤ちゃんを産んでもらおうと努力した。そうやって、来た妊婦・患者に喜んでもらうことで、クリニックは軌道に乗っていった。そこでは、入院患者が喜んでくれることが一番うれしかったのである。

「ホントに良かったです」「ありがとうございました」と、アンケートや口コミで感謝の言葉が伝わってくる時、直接、お金で返ってくる以上の喜び、満足感がある。それが仕事に対する充実感につながっていく。

では「自動車学校ではどうなのかな？」と考えた時「経営というセンスはない」という祖川社長にとっても、ヒントはいくらでもあった。

広沢母校

広沢自動車学校の経営を見直すにあたって、産婦人科クリニックでの経験を思い浮かべたように、彼女がお手本にしたのは、同業の教習所ではなかった。

「それまでは当たり前の業界の価値観である『私たちは親切ていねいな教習をすることにより、優良なドライバーを育成し、社会の交通安全に貢献する』ことを謳っていたんですが、広沢自動車学校の向かうところはそこではないと思った」という彼女は「自分自身が、実際に燃えるのって何だろう」と考えた。

自分のところの社員が指導員として、運転の知識や技術を教える。どこでもやっている、必要なことでも、そこにはあまり喜びを感じられない。

そのため、副社長時代から、グループ制を導入した。主担当は決めるが、一人の担当ではなく、グループ全体で一人の生徒を見ることで、卒業生から「いろんな人が自分のことを見てくれて良かった」という声があがった。

卒業生を集めての座談会など、広沢自動車学校ならではの良さを知るファンの存在をベースに、やがて「広沢母校化計画」が発表される。

「自分たちは何に燃えるのか？　何に感動するのか？」そう考えてできたのが、自分たちの存在意義を掲げた経営理念「広沢母校　日本一心温かい自動車学校を目指して」である。

「母校は、温かな『心のふるさと』。思い出と先生や友人の顔が浮かんできます。母校での学びは、人生の糧。出会った仲間は一生の友です」と、広沢自動車学校のパンフレット等には書かれている。

現在の広沢自動車学校の生徒は一八歳から二四歳が九四％を占めている。普通車と二輪車に限定、合宿教習は行わず、地元の高校生・大学生が中心となっている。

また、学校には授業だけではなくさまざまな行事やクラブ活動、卒業後には校友会などがあるように、座談会同窓会、制服パーティやマスコットキャラクターづくりなど、営業部隊が活動の場を広げた。

そして、同校の理念を追求する二大プロジェクト「事故0プロジェクト」と「広沢母校プロジェクト」が、生徒や卒業生を巻き込んだものとして展開されている。

カッコいい大人

同校の指導員をはじめ、社員は「大人の入り口に立つ受講者のお手本になろう」というのが、広沢自動車学校のアイデンティティーの一つである。

「大人の入り口に立つ彼らの先輩として、私たちがお手本にならねばという使命感を持っています。仕事にやりがいを持ち、自らを高めて人の役に立つような人材になること。働く私たちを見て『大人ってカッコいい！』『自分も社会に出て頑張ろう』と、将来に希望を持って羽ばたいてもらうこと。それが私たちの願いです」と、理想は高い。

確かに完璧な大人を演じることは難しい。だが、それを意識するかしかないかの違いは大きい。それはどれだけの大人、企業人が後進の者たちに背中を見せられる大人としての自覚があるかを考えれば、わかるはずだ。

カッコいい大人とは「本当の社会人」のこと。広沢自動車学校の指導員で終わるような存在では勤まらない。逆に、指導員を超える人間の集団であれば、自動車学校が成り立たない時代になっても、実は何にでも応用の利く社会に欠かせない人材でいることができる。

「受講者を預かって運転の指導をする。そこでの影響力って、すごいものがある。もしそこでカッコいい大人に出会えたら、その子の将来が変わるかもしれない。そこまで考えて社員には仕事を通してカッコいい大人になれるように頑張ろうねと言っています」と、祖川社長はカッコいい大人を強調する。

同校がやっている仕事は「人間教育」ということである。

交通刑務所

高度成長期には一万人を超えていた交通事故死亡者数は、二〇一七年は二年連続の四〇〇〇人割れの三六九四人（前年比五・四％減）と、一九四八年以降の統計で最小となり、減少傾向が続いている。

自動車の安全性向上、道路事情の改善などのほか、少子高齢化、若者の自動車離れなど理由は様々だろうが、それで交通事故の深刻さが変わるわけではない。

その昔、千葉県市原市の市原刑務所（交通刑務所）を訪れたことがある。飲酒運転をして死亡事故を起こしたり、轢き逃げなど悪質な場合は、嫌でも送り込まれるが、一般庶民にはもっとも縁がない刑務所である。

受刑者は他の刑務所と違って、前科のない基本的に善良な市民生活を送ってきた人たちだ。そこには一般的な刑務所が、罪を犯せば刑務所に送られると、いわば予想もでき犯罪者にはある意味の覚悟があるのに対して、交通刑務所の場合は、平均的なドライバーが何の覚悟もないまま、ちょっとした不注意や油断から塀の中の住人になる、そんな怖さがある。

見学ツアーは「交通事故はもうたくさん」と書かれた「贖（あがな）いの日々」という動画観賞から始まる。動画は市原刑務所の概要から受刑者の生活と日課、職業訓練、運動会、盆踊りなどを紹介、最後に仮釈放の日の場面になって「出迎えの家族とともに、再び社会へもどるこの人たちにとって、再出発の道は茨の道かもしれません」といったナレーションが流れるころには、すっかり受刑者の気分になっている。

運転免許を持っている者なら誰しも、免許更新時には交通事故の映像を見せられる。交通事故の悲惨さに憂鬱になり、その時は慎重な運転を心がけなければという気持ちにもなるが、事故はなくならない。

そんな交通安全教育の難しさを考える時、交通刑務所の紹介動画は「人ごとではない」という切実さに、思わず襟を正される。交通事故経験者、交通違反者には交通刑務所の動画と見学ツアーを有効活用したほうがいいのではないかというのが、交通刑務所を取材しての感想であった。

交通事故死の悲惨さをいかにしてなくすか、広沢自動車学校では同校の理念を追求する「事故0プロジェクト」と「広沢母校プロジェクト」を展開している。

「一生無事故、人命尊重、地域貢献の精神を持った安全な運転者を育成する」という方針を掲げる「事故0プロジェクト」の取り組みとして、卒業後の一年間、担当指導員が卒業生と連絡を取り合って、アフターフォローをする体制が取られている。同時に指導員による交通安全教室、シルバー講習、交差点での立哨活動などに取り組んできた。

言葉で「安全運転」を謳うことは誰でもできる。大事なことは、交通ルールを教えることだけではなく、それを守ることができるドライバーをいかに育てるか。広沢自動車学校が行ってきたのは、そうした心への関わり方である。

教習所ではなく、学校として〝教育産業〟の一端を担う〝教育＋α〟の「広沢母校」プロジェクトを推進。「日本一、心温かい自動車学校」を目指して、自動車学校の枠を超えた事業を展開しているのも、心が大事だからである。

広沢営業部隊

同校の経営理念となっている「広沢母校」を具体化する「広沢母校プロジェクト」とは、母校での思い出づくりのための様々な取り組みをいう。最短で二週間という通学期間でしかない自動車学校だが、同校を母校と思ってもらえるように定期的に卒業式を行うほか、様々なイベントを展開している。

二〇一七年のイベントでは、一月が広沢自動車学校の運動会「体育館イベント」、三月は卒業生が制服を来て母校に集まる「制服パーティ」の他、八月の夏祭り「ホームカミングデー」では二四時間テレビ「愛は地球を救う」の協賛チャリティイベントの舞台となっている。その日に合わせて卒業生が帰ってきて、県内の高校のチアリーダーチームがダンスパフォーマンスを披露するなど、全国的な注目を浴びている。

五月に徳島イオンモールがオープンした時には、併設の映画館用CMづくりのために、卒業生に教習コースに集まってもらうなど、卒業生は大事なお客様であり、営業部隊でもある。

実は、広沢自動車学校には全国でも珍しい卒業生による「広沢営業部隊」がある。

自動車教習所業界にとって毎年二〜三月は、運転免許の取得が解禁になる高校生をいかに多く入校させるか、年間を通じた最大のヤマ場となる。特に通学生徒年齢が若い広沢自動車学校の場合は、卒業シーズンにはロビーが高校生でごった返す。

二〇〇八年、現在の形になったロビーで、女子高生たちがワーワーキャーキャーと「広沢、大好きです。楽しいです」と、黄色い声を上げるのを目にして、彼女たちを集めてできたのが「広沢営業部隊」である。

ロビーに集まる女子高生を見て「何かできないかな」という話をしていた時に「できますよ」というある指導員の言葉から始まった。もちろん、実際の営業をするわけではなく、当時「制服を着て、母校に集まろう」というアイデアがあがった。そのイベントの企画を持ちかけて、軽いノリで「やります！」となった。

だが、若い彼女たちのパワーは半端ではない。それから毎日、広沢自動車学校に詰めて、いろんなアイデア・企画を持ち寄り、ポスターやチラシなどをつくってくれた。

「そのときの二週間ほどの体験に、営業部隊の彼女たちが感動して『実際の会社でこんな体験をやらせてもらって、本当に楽しかったです。楽しいだけじゃなく、私たちみんなすごく成長させてもらいました。ありがとうございます』と、感謝してくれたんです」と、祖川社長は初代営業部隊の思い出を語る。

この営業部隊の活動で、卒業生と社員が連携する感動のモデルが出来上がった。つまり、みんなと力を合わせて、イベントをやり遂げられたことに自分たちが感動したのである。自分たちが感動するぐらいだから、外から見る者、参加者にも感動は伝わる。

初代営業部隊との交流は今でも続いている。以後、毎年結成していくことになり、同校にとっての心強い応援団、ありがたいサポーターが存在するというわけである。

この活動は「県外の他社さんからも注目されていて、自分のところでもやりたいと、実際に取り組まれているようですが、なかなか思うようにはいかないという話が多いです」と、祖川社長は広沢自動車学校ならではの手応えを語る。

広沢営業部隊は一朝一夕にできたものではない。それまでの取り組み、社員の意識改革があってのことなのである。

感動会議

自動車教習所というと、昔はコワモテの指導員が一般的で「怖い」とか「すぐ怒られる」といわれていた。今でも、昔ながらの指導方針のところもあるようだが、広沢自動車学校では成果主義と決別した二〇〇七年には、それまでの「生徒」から「お客様」に呼び方を変えることによって、社員の意識を変えた。

その結果、生徒＝お客様の中から「楽しかった」「広沢に来て良かった」という声が聞かれるようになっていったという。

そんな卒業生を集めて、広沢で楽しかったこと、良かったことなどの思い出を語ってもらう

「座談会」を行った。それが毎年続いてきたわけだが、そうした同校の人気があったからこそ、広沢営業部隊の誕生につながるわけである。

座談会は企業にとっては、ユーザーからの声を知り、今後の事業展開に生かす貴重なモニタリング調査のようなもの。そんな中から「何かサプライズを演出したら、みんな喜んでくれるよね」「母校なんだから、夏に集まれたら楽しいよね」といった話やアイデアが卒業生や社員の中から出てくるようになったという。

「成果主義とは真逆の方向に行っていました」と、祖川社長が語るように、当時は「感動会議」を行うなど、難しい営業会議、事業計画会議などではなく、業務を離れて自分が何に感動したかを語り合う場を設けたのである。お互いの感動話を通じて、相互理解が進んで、仲間意識が強まることになった。

徳島市内には四つの教習所があって、そのうちの三校が徳島駅周辺にある。

祖川社長が副社長として来た当時は、受講生数で見ると、三校中三番目だったのが、今は四年連続で一番になっている。

「ウチは値引きもしない、適正な料金をいただいて、それで増えてきているというのは、社員が頑張ってくれているからだと思います」というのも「日本一心温かい自動車学校」ということが嘘ではないからであろう。

一時期、値引き競争が激しかったころ、広沢自動車学校でも営業の現場で、競争に巻き込まれて、ずいぶん痛い目にあってきたというが、そんな体験を通して気がついたことは「料金が安いほうがいいと思って来るお客さんは、広沢のお客様ではない」ということ。彼らが必ずといっていいほど、トラブルを起こすことに気がついてからは断ってきた。

その後、ある経営陣が「割引キャンペーン」を企画した時には、社員から「広沢らしくない」と反対の声が上がって取りやめになっている。

また、就職人気も高く、二〇一六年～一七年で、九人採用。二〇一七年には大卒の新卒が三人、中途が二人と、地方の中小企業では抜群の実績を上げている。

シンク・スリー

自動運転車がやがて導入される時代の教習所とは何かを展望すれば、廃業か生き延びるか、業界並びに企業存続の岐路はそう遠くないところにある。

同校ではそうした変化を前提に、そのこと自体を楽しめる社風がすでにできているという印象がある。それが、これまでの自動車学校の枠を超えた一連の取り組みである。

これまでの企業社会が男性中心の父性の経営であるのに対して、広沢自動車学校は母性の経営。事実、祖川社長は女性として、また母として同校のお客様そして社員に対応してきた。そこには「自分が成長できることに喜びを感じよう」という教育者としての愛と母としての親心がある。

同校が当面考えていることは、徳島県で絶対必要とされる会社として存在し続けること。「お客様から選ばれる会社であれば、ウチはお客様相手のサービス業であり、教育業なので、そこでの心の教育、人材教育など、教育業としての切り口があると思います。そのためにもサービスの質、営業の質、人材の質、教育の質、あらゆる質を高めることがカギになります」と、祖川社長は強調する。

祖川社長の後継ぎとなる長男・嗣朗氏は三四歳（当時）。大学を卒業して東京で働いた後、徳島に帰り、五年間、広沢自動車学校に勤務した。フロント改革に加え、会社の課題であった採用、営業、人事制度を手がけ、業績向上を担ってきた。

二〇一七年六月には、広沢ブランドを生かすビジネスモデルをプロデュースする会社「シンク・スリー」をスタートさせた。

ここでは県外の経営者の子息や研修仲間の子息を預かって、合宿方式で運転免許を取りながら、試験的に広沢自動車学校が考える理想の人間教育を行っている。

シンク・スリーを立ち上げるきっかけとなったのは、同校の教育理念と学校生活を知った県外の経営者仲間から「ウチの子供をお願いできないだろうか」という依頼だった。

子供たちが同校との関わりの中で、親に対する感謝や家族のきずな、人間関係について考えることにより、自分が変わり、成長していく。

「まだまだ海のものとも山のものともわからない」シンク・スリーだが、それでもこれから本当の「広沢ブランド」が展開されていくことになるはずだ。

祖川社長はそれまでのリリーフ役。やがてシンク・スリーが広沢自動車学校を吸収する日が来るかもしれない。

＊　＊

『創業の精神・経営理念』

コロナ禍の中、どこの業界も大変な状況にある。自動車学校も同様のはずだが、広沢自動車学校では、さほどの影響はないようである。

ただし、好調なのは広沢自動車学校だけで、県内の同業は苦戦している。

理由の一つは、広沢自動車学校が二〇一九年一一月、消費者庁の「消費者志向経営アワード２０１９」で「内閣府特命担当大臣表彰」を受けたこと。消費者志向経営はサスティナブル経営による持続可能な社会を目指して、経営に取り組んでいる企業を表彰するものだ。当時、「徳島新聞」に大きく取り上げられた。

しかも、徳島県では大学に進学する生徒の多くが県外に出るのだが、コロナのため大学に行けずに、徳島に残っていたこと。彼ら学生が、広沢自動車学校に習いにきた結果というのがもう一つの理由である。

それも、長年の信用と実績の賜物である。

二〇二〇年一〇月、祖川康子社長が長男に社長の座を譲り、自らは会長に就任した。

二代目社長として「母性の経営」に務めてきた彼女の最後の仕事の一つは、二〇一九年四月に小冊子『創業の精神　経営理念』をつくって、全社員に配ったことである。

創業の精神の制定については「創業者・廣澤勝が、生涯をかけて必死に努力を積み重ねてきた、事業への思い、お客様への思い入れ・一緒に働いてくれた皆さんへの思い・生き様等が投影されたものを、私・祖川康子が今日まで引き継ぎ、まとめた」とあるように、社員全員にその精神が継承されることを願ってつくられたものだ。

本文にあるように、二代目社長して、彼女は広沢自動車学校らしい社員の心の在り方や人との接し方、仕事の仕方など、そのベースとなる人間教育的な部分に力を入れてきた。

『創業の精神　経営理念』は、あらゆる企業に参考になる考え方なので、参考までに紹介する（小冊子には、より伝わりやすいように、解説がついているが割愛する）。

創業の精神は、以下の通り。

・生命（いのち）尊重の精神

一人ひとりが与えられた生命を大切にし、全力で生ききる

・慈愛の精神

親が子を思うような深い愛で慈しみ、思いやりの心を持ってかかわる

・誠心誠意の精神

人に真正面から真剣勝負でかかわり、信頼関係を築く

・信念貫徹の精神
いかなる状況下でも、自らの強い意志で立ち向かい、信念を貫き通す
・家族愛の精神
一緒に働いてくれる仲間を何がなんでも守り抜く
一方、経営理念は「創業の精神」をベースに、祖川社長（当時）が自らの経営哲学・生き方・価値観を表現したものである。
「私たちの行動指針」には、次のように書かれている。
1．私たちは、自己の人間力を高めて、質の高いサービスを提供します。
2．私たちは、お客様に寄り添い、親切、丁寧な教習を徹底します。
3．私たちは、感謝の気持ちを忘れず、全社員一丸となって仕事に取り組みます。
4．私たちは、各種法令を遵守し、若者のお手本となれるよう、社会的常識・良識・倫理観を持って行動します。
5．会社は、社員の夢を実現する活躍の場と共育の場を提供し、仕事を通して物心共に豊かで幸せな暮らしを支援します。

三代目新社長

母親の跡を継いだ祖川嗣朗社長は「会社経営でやらなければいけないことは二つある」と語る。

一つがどこの企業でも、普通にやっている緊急かつ重要なこと。もう一つが「大切ではあっても、緊急ではないことに、どれだけ注力できるか」である。

企業の存続・将来ということを考えれば、本当に大事なことは、後者である。

ただ、それができるかどうかは、企業の経営状況、経営者の考え方による。

「本業は自動車学校」と言われることに、すごく抵抗があるという新社長は、同じことだけをやっていても将来はないとの思いから、三代目社長として、いかに母親が行ってきた自動車学校の経営を、いわゆる〝広沢の事業〟に生かしていくかを自らの使命にしている。

それが、母親がつくった「広沢母校」「日本一心温かい」といった抽象的な概念（経営理念・ビジョン）を、よりわかりやすい形あるものにしていくこと。同時に、自動車学校で培われてきた価値と仕組みなどを、そのまま生かす形で、次のモデルにつなげていくことだ。

自動車教習所としての広沢自動車学校は、徳島市内ではシェアがおよそ四〇％と、すでに同業の頂点に立つ。

公的事業である教習所の一般的な使命を考えたとき、ただシェアを伸ばせばいいわけではない。教習所は全国どこでも同じように運転技術を習得できて、最終的に運転免許試験に合格するための技術と知識を教えている。

基本的に教えるべき内容が決まっており、五七時限（ＡＴ車）という限られた時間内で、最長で九カ月、最短では一四日で卒業できるため、技術と知識以外のことに関しては、ほとんど教える余裕はない。

教習所では、命の大切さを教えるためには、明らかに限界がある。

だが、交通事故の原因のほとんどが運転技術によるものではなくて、運転者の安全不注意や慢心の結果だとされている。

そんな中で、広沢自動車学校が行ってきた様々な試み、例えば「広沢母校」プロジェクトに関連する運動会や卒業式、卒業後の企画イベントなど、命の大切さを伝える人間教育は着実に、事故をなくす力につながっている。

ドローン・合宿・動画制作

「広沢母校」「日本一心温かい」など、一連の広沢自動車学校を象徴するキャッチフレーズは、いまだから通用するもので、最初はただの独りよがりでしかなかったはずだ。

長年かけて、現在は広沢自動車学校の〝代名詞〟となっている。そのキャッチフレーズを成立させている、明確ではない「何か」を具体的なものとして伝えるにはどうしたらいいのか。

広沢自動車学校の現在の基盤や温かさは、事業価値にするならば、何だろう。そんな問いから、シンク・スリーは広沢ブランドを生かすビジネスをプロデュースする会社としてスタートした。

教育というフィールドを生かして、彼が手がけた新事業が、実験的に進められてきた合宿制度「広沢留学」であり、最新のテクノロジーを使って、空の交通安全を伝えていくドローンスクール、広沢自動車学校での宣伝企画・イベント等で培ってきた動画作成のノウハウを生かした動画クリエーター養成といった新事業である。
合宿制度は広沢自動車学校の見えない価値をいかに可視化するか、一つの実験として進められてきた。

ドローン事業は「未来に挑戦するすべての人に」をキャッチフレーズに「広沢ドローンスクール」がスタートして、二年。すでに収益の柱の一つになっている。

IT、オンライン環境が、あらゆる分野で必要とされる中で、取り組んでいるものの一つが、動画クリエーター養成事業である。

これまでも、多くの企業が動画を活用しているが、それを外注すると、当然ながら大きなコストがかかる。「ならば、企業が動画クリエーターを社内につくればいいじゃないか」との発想から生まれたものだ。

実際に社内で一人、動画をつくるスタッフがいると、コストばかりではなく、多くの利点がある。すでにプロのCMディレクターを顧問に迎えて、二〇二〇年一〇月からスタートしている。

通常の自動車教習が決められたカリキュラムに則って行われるのに対して、新事業はカリキュラムを自分たちでつくることから始まる。カリキュラムを自分たちでつくって、自分たちで販促して、顧客を集めてビジネスにしていく。そんな本来の教育産業としての取り組みである。

早速、新社長としての仕事が始まって、それがどのような組織・体制での事業展開になっていくのか、新社長の手腕が問われることになる。

「頭のてっぺんから爪先まで〝広沢〟にしていくことが自分の仕事だと思っている」と、自らに言い聞かせるように、その意気込みを語る。

同時に「自分にとって自動車学校は、一つの通過点だと思っている」と語る新社長は、ずっと広沢自動車学校の社長でいるつもりはないようでもある。それは、それぞれの事業を任すことができる人材が育ってこそ、可能になる。

新時代を見据えた教育を続けていくために、彼自身、キャリアコンサルティングやMBA（経営学修士）などビジネスに必要な資格を取っている他、グロービズ経営大学院にも通っている。

その未来がどのようなものになっていくのか、広沢自動車学校の今後が注目される。

●日の丸ベンチャー　第9話

特許技術「きれいなコーヒー」で世界にコーヒー革命を仕掛けるオアシス珈琲有限会社

（福岡県飯塚市／石川高信社長）

伝統的な「和」の底力

コーヒーに限らず、多くの舶来品が日本の伝統文化と融和して、日本化・国産化されていく。その背景にあるのは、あらゆるものの良さを引き出す内匠の技と美味しさに賭ける情熱である。古くは中国から仏教とともにもたらされたお茶は、日本で独自の進化を遂げて、茶道として完成。世界に知られるようになっている。

ウイスキーにしても、本場のスコットランドを差し置いて、今ではジャパニーズウイスキーのシングルモルトが世界の人気を博している。

コーヒーも例外ではない。

日本はEC、アメリカ、ブラジルに次ぐ世界第四位のコーヒー消費大国である。

そのコーヒーは赤道に近い「コーヒーベルト」と呼ばれる地帯の産物であり、かつては遠い異国から運ばれてきた。

日本における一杯のコーヒーへのこだわりは、いかに美味しく豆の焙煎をし、抽出するか。道具と技を駆使し、入れ方やサービスにも工夫を凝らす。

結果、日本独自のカフェ文化である「純喫茶」を生んで、西洋にはないアイスコーヒーや缶コーヒーを発明するといったイノベーションを続けて、今日に至る。

その情熱は、ついにコーヒー豆にまで及び、今では沖縄など日本でもコーヒーが栽培されるまでになっている。

それは雪国も例外ではない。新潟では県立植物園と新潟バリスタ協会がタッグを組んだ「にいがたコーヒープロジェクト」がスタート。コーヒーの収穫は、開花まで三〜四年かかるというが、自宅でコーヒーの木を育てて、自分だけのコーヒーを楽しもうとの取り組みを生んでいる。

そんなコーヒー業界にあって、他とは異なるブランドイメージで、注目されているのが「きれいなコーヒー」(商標登録)の「オアシス珈琲有限会社」(石川高信社長)だ。

世界で初めてというきれいなコーヒー®のきっかけは、野菜は調理前に洗うのに、なぜコーヒー豆は洗わずに焙煎するのかという素朴な疑問。そこからコーヒー豆の洗浄技術の開発に取り組み、特許を取得。「きれいなコーヒー」を実現した。

改めて「きれいなコーヒー」とは何なのかを知るために、初出の『エルネオス』の「ベンチャー発掘！」（二〇二〇年七月〜八月号）を再録する。

＊　　＊

きれいなコーヒー

高度成長期、インスタントコーヒーの普及などにより、日本でも身近になったコーヒーは、近年のスターバックスなどチェーン店の上陸、そして現在はサードウェーブの時代だと言われている。サードウェーブの先駆けとなった一杯ずつ丁寧に入れるブルーボトルコーヒーは、日本の喫茶店がヒントになっていた。

コーヒー戦国時代の様相を呈する、日本の実態は普通に美味しい百円のコンビニコーヒーから一杯ずつおいしさを追求するスペシャリティコーヒーまで、実に幅広いバリエーションに富んでいる。

そんなコーヒー業界にあって、異色とも言える存在が「きれいなコーヒー」（商標登録）ブランドを掲げる「オアシス珈琲有限会社」（石川高信社長）である。

改めて「きれいなコーヒー」とは何なのか？

ことさら「きれいな」と謳うのは、そこに他社とは異なる工夫があってのことである。

「きっかけは輸入された珈琲豆を麻袋から取り出す時に出る〝埃〟でした。野菜なら調理前に洗うのが当然なのに、なぜ珈琲豆は洗わずに汚れたまま焙煎しているのだろうかと、ふと矛盾を感じたのです。私が好きなエチオピアモカは、香り高くとてもフルーティな豆ですが、原産地の事情もあり脱穀過程で沢山の汚れが付着してしまいます。この豆本来の旨味を最大に引き出すためにはこの汚れを取り除くしかないと考え、試行錯誤の末に誕生したのが『きれいなコーヒー®』の特許製法です」と〝珈琲料理人〟を公言する石川高信社長は、メッセージする。

アフターコロナ

オアシス珈琲の創業は一九八六年、特許取得は二〇〇〇年。二〇〇三年に「きれいなコーヒー」の商標登録を得ている。

「二十一世紀のコーヒー革命」を視野に、二〇〇一年の大阪、二〇〇二年の東京の「国際食料飲料展」に出展。業界の新潮流として、きれいなコーヒーによる全国展開を始めた。

当時の思いは「きれいなコーヒーをいずれ明太子に次ぐ福岡の名物にしたい」というものだった。明太子は原産地ではないのに全国制覇したからだ。

同様に、きれいなコーヒーも第二の明太子になる資格は十分にある。

だが、特許取得から二〇年、コーヒー・ベンチャーの道は厳しい。

業界の厚い壁と戦いながら、オアシス珈琲は再び東京での本格的な展開をスタートさせるべく、二〇一八年、関東市場に進出。二〇二〇年二月「東京ビックサイト」で開催された第八九回「東京インターナショナルギフトショー春2020」に出展。さらに「きれいなコーヒー」初めてのセット（一九八〇円）の新聞広告を打つなど、本格的な全国展開をスタートさせた。

そのための戦略商品の一つが、新たに開発・完成させたドリッパーとピッチャーが合体した独自のサーバー「カッピングピッチャー」だ。

コーヒーには専門のバリスタがいるように、ハンドドリップでは技術の差が出るのに対して、カッピングピッチャーを使えば、誰でも簡単に専門店以上のコーヒーが点てられる。特に、アイスコーヒーはもっともちがいがわかることから、きれいなコーヒーとカッピングピッチャーのセットで、既存のコーヒー業界に打って出る狙いであった。

すでに、きれいなコーヒーならではの戦略商品、石川社長自慢の「コーヒーソフトクリーム」など、これまでヒット商品のなかったコーヒー加工品分野への進出も考えて、全国に攻勢をかける。

そんな矢先の新型コロナ騒動である。その影響はコーヒー業界も例外ではなく、マーケットに歴史的な変革をもたらし、新たな潮流を生み出している。

とはいえ、それは新型コロナウイルスの蔓延によって始まったわけではなく、すでに起きていた変革や潮流がその勢いを加速しただけのこと。アフターコロナが話題になる中でも、多くの

〝勝ち組〟がいる。

新型コロナの影響で、オアシス珈琲の積極的な全国展開は、ひとまず中断を余儀なくされたが、同業他社に比べれば、はるかにキズは浅い。

事実、オアシス珈琲では一九九九年にインターネット通販をスタート。実店舗として、二〇一一年にオープンした福岡・天神店を二〇一四年にクローズするなど、ネット通販に注力してきた。

緊急事態宣言後、在宅の時間が増えて、外食の機会が減少する中で、ホテルやコーヒー専門店チェーンが閉店するのを横目に、オアシス珈琲は一足先にネット通販をスタートさせ、特許製法によるきれいなコーヒーをはじめとした技術面でのイノベーションを追求してきた。

一時期は、全国展開している中堅ハンバーガーチェーンの西日本地区でも採用されていたが、親会社のゴタゴタもあり、契約更新しないまま、その後は大手外食チェーンなどへの納入はない。

特定の専門チェーン店や大手外食チェーンとの大きな取引がなかったことが、逆に新型コロナに対する抵抗力となっている。ネット通販以外のコーヒー需要が激減する中、オアシス珈琲は「きれいなコーヒー」によって、アフターコロナ時代におけるコーヒー文化を提案する、コーヒー革命の担い手でもある。

コーヒー豆洗浄機

石川社長は一九五二年三月、炭鉱の町・福岡県飯塚市で生まれた。

地元の高校を卒業後、家業である惣菜店を引き継ぐ形で、ビジネスを始めた。惣菜用の工場も建設。最盛期には駅前商店街の他、地元のスーパーにテナント出店など八店舗を経営していた。

だが、石川社長は「地元のスーパーにテナント出店した際、将来的にお惣菜のコーナーはスーパー直営じゃないとやっていけなくなるんじゃないか。自分たちで原料を製造して、メーカーをやらなければ生き残れない」と考えて、何かいい食品はないか、東京の輸入商社にいる友人に連絡した。

「自分の理想とするコーヒーを使って、新鮮な豆を新鮮な状態で宅配したら面白いよ。自分が事業を始めるなら、そうする」との友人のアドバイスによって、石川社長は一九八六年、オアシス珈琲を設立。煎りたてのコーヒー豆をオフィスに届ける宅配サービスをスタートさせた。時代が早すぎたこともあって、輸送体制が今日ほど整っていないため苦戦するが、確実に需要はあった。

九六年には家業で保有していた敷地を活用、ロードサイドに大型のカフェを開業した。

コーヒーだけでは難しいので、低温熟成の食パンを提供したり、ケーキを始め、ランチを出したこともある。

だが、近くに大手のコーヒー専門店が出店。競争は予想以上に激しく、コーヒーそのものの差別化を考えるようになった。

そんなある日、取引先である大手販売店の幹部の「コーヒーは好きだけど、なぜ後味の悪い雑味がするのかな」という何気ない一言に、反射的に閃いたのが、コーヒー豆を洗うということだった。あらゆる食材は洗って使うのが普通である。

当時の業界には珈琲豆を加熱して殺菌はするが、洗浄という発想はなかった。

石川社長が好きなエチオピアの豆も、技術が進んでいないため、いろんな豆が入っている。そこで品質の劣る豆を除いて洗浄すれば、その豆は女性に例えれば「貴婦人になる」というのが、彼の確信であった。

だが、そんな機械はどこにもないため、似たような食材として、お米の大手選別機メーカーに駆け込んだ。

先方でも、お米の機械に関する開発はすべて終わって、次はコーヒー豆に取り組むというタイミングであった。

ところが、後日、返ってきた答えは「開発は不可能」という意外な一言であった。

そこで、石川社長のやる気に火がついた。「大手ができないなら、自分でやるしかない」と、まずは二台の洗濯機を買ったところから実験はスタートした。

その後も、全国の機械メーカーなどを訪ね歩いて、新型機械を研究した。二〇〇〇年には、洗浄機が開発できていないまま、洗ってきれいにして焙煎するという工程特許を出願した。

肝心の洗浄装置をどうするか。

コンクリートミキサーを改良するしかないと実験を繰り返していた時に、設備関係の展示会で出会ったのが新潟のお米の洗浄機メーカーだった。ジェット水流で一気に洗って、同じ装置で濯ぎをして乾燥させることが、ボタンを押せばできるようになった。

コーヒー豆洗浄機が完成して、二〇〇三年にはきれいなコーヒーの商標登録もできて、後は攻めるだけだが、コーヒー業界の壁は厚い。

コンビニコーヒー戦争

「日経トレンディ」二〇一三年十二月号では恒例の「年間ヒット商品ベスト30」をランキングしている。それによると、第一位は「コンビニコーヒー」である。

二〇〇八年のマックカフェの独走を横目に見ていたコンビニ各社が「淹れたて」など、独自のコーヒーを安価で提供、ついに百円コーヒーが誕生している。

そのときに登場した大手コンビニのテレビCMで「専門店でも渋皮を取って、きれいにしているところは一社もない」と、担当者が話していた。

テレビCMを見た石川社長は、心穏やかではなかった。

その年、展示会で名刺交換をした飲料メーカーの担当者が「きれいなコーヒー」の仕組みを「ああ、こういうことですね」と言って帰っていったからだ。

例え特許は侵害していないとしても、すでに世界で初めての特許製法による「きれいなコーヒー」があることを無視して、堂々と「同様の技術は世界にはない」と宣言する。弁護士を通じて、特許侵害で訴えることも考えたが、相手は大企業である。返り討ちにあっては藪蛇である。

そこで、石川社長は「オアシス珈琲ではコーヒー豆の渋皮を取って洗うという特許を持って、真摯に処理に取り組んでいます。それを他にはないというテレビＣＭは虚偽の広告に当たるのではないか」と、日本広告審査機構にＦＡＸを送った。

初めての新聞広告

特許製法による「きれいなコーヒー」の存在を無視した大手コンビニのテレビＣＭに対する告発は無視されたままだが、結果的に問題のテレビＣＭは流れなくなった。

とはいえ、広告に関して、弱小ゆえの悲しさを味わったのは、初めてではない。きれいなコーヒーの良さを知ってもらおうと、従来のコーヒーとの違いを訴えた広告を地元の新聞に打ったときのことだ。

業界に影響力のある人物から、クレームの電話が入った。「不純物を取り除くという広告の表現はともかく、汚いという表現は問題だ」という。オアシス珈琲がきれいなコーヒーをアピールすることは、他のコーヒーは汚いと言っているようなものだ。

地方紙の後、全国紙へと展開していくつもりだったというが、広告自体があまりに刺激的だったため、その後の広告は中止した経緯があった。業界全体を敵に回しては、その後の事業展開に支障を来さないとも限らない。

一般的にコーヒーの味を決めるのは、豆の種類、焙煎、抽出法、入れ方、水の質などによる。そこに個人の嗜好があって、おいしいかどうかの判断は人それぞれ異なる。

だが、きれいなコーヒーがいかに画期的かは、そのそれぞれの工程で最高のものを追求してきた業界に、一石を投じたからである。

それが「生豆は濡らさない」という業界の常識を打ち破って、生豆とその後の工程の間に世界で初めて「洗浄・濯ぎ・脱水・乾燥」という作業を加えた。

オアシス珈琲のうたい文句は「原料の生豆は汚れています。二〜三分で濁りのもとをきれいに洗浄しています。安全で安心な工程はオアシス珈琲の特許です」というものだ。

事実、輸入された豆に付着した汚れや渋皮（シルバースキン）は、コーヒーの濁りやエグミの元になる。オアシス珈琲ではジェット水流により短時間洗浄することで、きれいな豆にする。その豆を焙煎することによって、豆本来の旨味を引き出すことに成功。クリアーで雑味のない「きれいなコーヒー」が完成した。

水には濁度という水質の基準がある。洗浄前のコーヒー豆が、どの程度の汚れなのか、実際に洗浄後の水の濁度を浄水場で調べてもらったことがある。それによると、洪水等の濁流が濁度六〇度。輸入された生豆の洗浄水は、その二倍から三倍の濁度が出た。

オアシス珈琲ではその濁度を、ジェット洗浄機を使って一〇度以下にするわけである。

「雑味もコーヒーの味わいのうちというコーヒー通もいますが、洗浄水の濁度を見たら、とても洗ってない豆を売る気にはなれない」というのが、石川高信社長の本音である。

パッケージデザイン

オアシス珈琲の特許である豆の洗浄は、それまでの業界の常識を覆し、業界を敵に回す結果になった、まさにコーヒー革命なのである。

きれいなコーヒー完成後、モニタリング調査で実際に口にした人たちの評価は、妙なエグ味やシブ味がなく、従来のコーヒーにはないスッキリした後味だという声が多い。

きれいなコーヒーの量産化にメドをつけ、確実にファンを増やしてきたオアシス珈琲だが、彼らからいつも言われていたのが「パッケージがダサイ」ということ。石川社長自身、自分にその方面のセンスがあるとは思っていない。

あるとき大手印刷会社の地区担当が、名刺を持って営業に来た。そこで、専門のデザイナーの力を借りて出来上がったのが、現在のカラフルなパッケージである。コーヒー九種類を二個ずつ入れた「初めてのセット」が好評で、それまでとは明らかにちがう手応えがあった。

事実、売り上げが上がって行った大きなきっかけとなったのが、きれいなコーヒーのパッケージが変わったことだった。

特許出願の一九九九年にはインターネットを利用したネット通販にもチャレンジ。アフターコロナ時代を先取りする形で、順調な歩みを続けている。

ネット通販では、当時、話題になっていた懸賞サイトを利用。「きれいなコーヒープレゼントします」という形でのPRを展開した。そのシステムを実際に手がけてくれた人物からは、事前に「希望者が殺到しますよ」と言われていたのだが、実際に三万件ほどのメールが殺到した。

その反響について「誰かがいたずらしているのかと思ったぐらい、メールが止まらなかった」と、当時を振り返る。

パッケージを変え、ネット通販にチャレンジした次に、オアシス珈琲が力を入れたのは、コーヒーソフトクリームなど、コーヒー加工品に欠かせないコーヒーエキスづくりである。

もともと、コーヒーとミルクと砂糖の組み合わせは、本来一番相性がいいと言われている。ところが、現実には世の中にあるようでないのがコーヒーの加工品だったからだ。

コーヒーソフトクリーム

コーヒー牛乳は昔からある。コーヒーゼリーもカフェの定番メニューになっている。だが、コーヒー料理人である石川社長にとっては、とても納得がいくレベルではない。

事実「コーヒーのアイスクリームって、あっても定番にはなれない。コーヒーパンもあっても、主流にはなれない。というのも、いままではみんなインスタントコーヒーでつくっていた。それではやはり限界がある」と、石川社長は指摘する。

そこで洗浄したきれいなコーヒーを微粉末に、さらにはコーヒーエキスにして、加工品のフレーバーとして使用する研究を重ねてできたのが、定番のコーヒーゼリー。そして、ソフトクリームである。

本格的なコーヒーソフトクリームをつくりたいと、彼は「日本一」といわれる有名コーヒー店のソフトクリームを食べにいった。そして、名店の味を超えるコーヒーソフトクリームづくりにチャレンジする。

日本一ということは、世界一でもある。その先には、ソフトクリーム以外のコーヒー加工品づくりがある。

おいしいコーヒーソフトクリームをつくりたいと思った石川社長は、そのためのコーヒーエキスづくりに一年間を費やした。

何とか、定番になるおいしいコーヒー加工品、ソフトクリームのためのコーヒーエキスをつくろうと、大した設備のない中、身近にある鍋などを用いて、いわば手探りで、改良を重ねながら、何とか満足できる味を完成した。

あとは、ある程度の量を製造するには、機械メーカーの力を借りるしかない。

そこで、大手機械メーカーに出向いて、自社のコーヒー五種類で試作してもらった。

ところが、豆を入れて抽出しても、自分の理想のものができない。どこかもの足りない。色も出る、味も出るのだが、うま味が出ない。

機械を微調整すれば、何とかなるはずだが、大手機械メーカーは、そこまでやってくれない。仕方がないので、ここでも石川社長は自ら抽出機を開発。殺菌装置を導入するなど、苦心の末、コーヒーソフトクリームを完成させた。

二〇一一年四月、念願の福岡市初出店となる天神店をオープン。きれいなコーヒー、コーヒー加工品とともに、コーヒーソフトクリームを本格的にデビューさせた。

「すでにスターバックスが福岡でも人気になっていたころで、渋谷のスクランブル交差点にある店が紹介されている新聞記事を読んだんです。こちらはスターバックスの足元にも及ばないですけど、福岡の〝渋谷〟は天神かなと思って出店した」と、やがて東京そして世界へという当時の意気込みを語る。

叩き上げのビルオーナーが破格の条件で貸してくれた店は、決してカフェに向いている空間ではなかったが、店は固定客がついて繁盛した。

五年後の二〇一六年の契約更新時、家賃が急に二倍の条件になり、天神店をクローズ。さらに博多駅、FM福岡の店舗もなくなって、現在はイオンモール福岡、博多駅などを除いて、イオン穂波店と、ネット中心の販売に特化している。

アイスコーヒー

ネット販売をメインにすることで、アフターコロナにも、うまく対応。あらゆる業界が変わる中で、コーヒー業界が目指すべききれいなコーヒーを率先して展開してきたオアシス珈琲。そのメッセージ自体が業界の問題点を突く。結果〝業界の問題児〟として、これまで苦労してきたわけだが、時代が追いついてきたということか。

コンビニコーヒーに象徴されるように、時代も環境も大きく様変わりしている。コンビニコーヒー自体、渋皮を取るなど、きれいなコーヒーを打ち出している中で、オアシス珈琲が商標の「きれいなコーヒー®」を前面に出すことに、本来、クレームを受ける理由はない。

ウィズコロナの時代、業界自体が「オアシス珈琲みたいに工夫しないと生き残れない」という話になっているそうで、その意味ではようやく本格的な販売戦略も展開していける環境も整った。やり方によっては、大きく飛躍することも不可能ではない。

コーヒーは毎年、夏場に売り上げが落ちることから、アイスコーヒーに賭ける期待も大きい。そのための強力な〝武器が〟、誰でも簡単に専門のバリスタみたいにおいしいコーヒーが入れられる独自のサーバー「カッピングピッチャー」である。

こちらも、九州の有田焼や中国の磁器メーカーに発注、試行錯誤の結果、完成した。最大の特徴は、誰が入れても旨味を引き出すドリッパーだというもの。おいしさのポイントは、ドリッパーの溝が螺旋構造になっていることと、じっくり抽出できる穴の大きさにある。

オアシス珈琲の新しい戦略商品の一つとして、カフェのカウンターにカッピングピッチャーを並べて入れることもできるし、そのままお客にサービスすることもできるといった提案も行っている。

「第二のめんたいことして、きれいなコーヒーを使ったゼリーやロールケーキなどのコーヒー加工品を地域の人たちにつくってもらえれば、きれいなコーヒーの街としてイメージが変わるのではないか」といった目標もある。

二〇一九年五月には、現在の製法に対応して、特許を更新。「きれいなコーヒー®、特にアイスコーヒーは、たぶん世界に通用するんじゃないかなと思っています」と、自信を示す。目指すのは飯塚から日本、そして世界である。

＊　＊

カッピングピッチャー

コロナ禍により、外出の機会が減る一方、内食の機会が増えて、コーヒー業界でも明暗が分かれている。

本文にあるように、コロナ以前にネット通販に力を入れてきたオアシス珈琲は、比較的影響の少ない、いわゆる勝ち組である。

コロナによる巣ごもり需要から主力のコーヒーだけではなく、根強い人気の低温熟成パンなど、関連商品の売上げが増えている。

コロナ後は「いままでのやり方では通用しないので、次なる商品や企画など、積極的に取り組みたい」と、石川高信社長は語っている。

新しい提案として開発したカッピングピッチャーは、誰が入れても同じような味になるようにできている。

コーヒーマシンを使わずハンドドリップする場合、通常はコーヒーポットから輪を描くようにコーヒーの上にお湯を注ぐ。とはいえ、入れる人の性格が反映するため、どうしても味にバラつきが出る。

それが、同社のカッピングピッチャーはドリッパーの溝がらせん状になっていて、ゆっくりと渦を巻くように、コーヒーが抽出されていく。失敗しないことが、人気の秘密である。

「ベンチャー発掘!」掲載後、それまで白色しかなかった「カッピングピッチャー」に、新たに赤やピンク、黄色、きみどり、水色、オレンジ、紺色が登場。今風に言えば、インスタ映えするラインナップになっている。

カラフルなパッケージデザインによって、急成長を遂げたオアシス珈琲の美へのこだわりから生れた一連のシリーズである。

ウォッシュドコーヒー

美は日本の「和」とは切っても切り離せない。その美とともに、日本の文化を形作ってきたものの一つは、日本人の清潔さ、きれい好きである。

「水と安全はタダ」と言われた日本では、水資源が豊富なこともあるが、昔から日本人の清潔さ、きれい好きはよく知られている。

人間ばかりか、宮崎県幸島の野生のサルは、イモを洗って食べることで、世界的に有名である。あるいは、長野県の地獄谷猿公苑の野生ザルは、冬場温泉に入る姿が、よく話題になる。海外でも「スノーモンキー」として知られるが、世界広しといえども、イモを洗うサルも温泉に入るサルも、日本にしかいない。

きれい好きは人間もサルも同じというわけである。

そうした「和」の伝統を受け継いだオアシス珈琲の「きれいなコーヒー」に対抗するように、中には「ウチではウオッシュドコーヒーを使っている」という業界関係者もいる。

コーヒーには収穫したコーヒー豆を、そのまま天日干しして脱穀する「ナチュラル」と、水に浸けて浮いてくる未熟豆を除いて、濡れたまま脱穀する「ウォッシュド」の二つの処理方法がある。

事実、二つの処理方法による味のちがいを個性として受け止めているコーヒー通（?）もいる。

とはいえ、実際にはウォッシュドという英語の「洗っている」イメージを利用しているだけのこと。オアシス珈琲の生豆の洗浄とは、本質的に異なる。

「和」のイノベーションの観点から重要なことは、コーヒー業界に看板倒れの「ウォッシュド」方式はあっても、その先にある本当に「きれいなコーヒー」は、日本の発明だということである。オアシス珈琲では、創業三五周年の二〇二一年、将来を見据えて、コーヒーの加工食品の延長で、機能性食品にも挑戦し、二〇二一年を目途に開発を進めている。

オアシス珈琲の「世界制覇」という目標は、コロナ禍で一時、足止めを余儀なくされているが「きれいなコーヒー®」ブランドとともに、きれいなコーヒーを可能にする洗浄器メーカーへの脱皮が、案外、世界企業への近道にならないとも限らない。

きれいなコーヒー文化を広く普及させていくためにも、メーカーの道にチャレンジする価値はある。

それでなくとも、世界は戦争と対立に満ちている。世界の先物取引の重要な商品であるコーヒー豆は、昔も今も「コーヒー戦争」と称する争いや搾取など摩擦の元でもある。

だが、コーヒーを楽しむ時間「コーヒーブレーク」は、そうした戦場でも束の間の休息を与える。世界のコーヒー市場に「和」の伝統文化を世界に普及するとともに、日本のきれいな文化を広めること。それにより、さらにコーヒー好きが増えれば、たぶん世界はより平和になるはずだ。

●日の丸ベンチャー 第10話

子育て支援アプリ「いこーよ」を展開 アクトインディ株式会社

（東京都品川区／下元敬道社長）

GO TO トラベル

「少子高齢化」の時代と言われて久しい。子どもを産まなくなった日本は、世界最速で高齢化が進む二一世紀の課題先進国である。

少子高齢化とは人口問題ばかりではない。人が生まれて死ぬまでの人生の在り方を反映した人間社会の矛盾・歪みのようなもの。それはかつてイギリスが第二次大戦後に掲げたキャッチフレーズ「揺りかごから墓場まで」という社会福祉政策が破綻の危機にあるということでもある。

われわれの人生は、先祖・両親がいて、今の家族、そして社会があり未来へと続いていく。日本も世界も、その単位や大きさは異なるが、同様の国の歴史や伝統文化がある。先人がいて、その恩恵の上に現代があり、次世代へとつながっていく。その当たり前であった営みが、諸々の事情で持続可能性の問われる二一世紀になっている。

その課題解決に、どのように取り組むのか。答えは社会を構成する伝統文化の再構築、そして子供だけでなく、大人を含めた教育であるとの信念のもと、現代の「揺りかごから墓場まで」という人間の生と死に関わるネットマーケティングサービスを展開してきたのが「アクトインディ株式会社」（下元敬道社長）であった。

主力商品は、子どもとお出かけ情報サイト「いこーよ」である。

コロナ不況の中、リモートワーク、オンライン会議やサービスが当たり前になる中で、巣ごもり需要から宅配サービスなど脚光を浴びている分野もあるが、対照的なのがインバウンド（訪日外国人）需要が消えて、大打撃を受けているレジャー・観光業界である。「いこーよ」をメインにするアクトインディも例外ではない。

そんなレジャー・観光業界を救う象徴的な観光支援事業の一つが「GO　TO　トラベル」キャンペーンであった。

当初はネーミングの「英語がおかしい」とか、東京を除外するなど、何かと評判が悪かったが、狙いは日本経済再興のため「旅に出よう」「出かけよう」ということ。要は「いこーよ」である。

コロナ以前の状況を知るために、まずは『エルネオス』の「ベンチャー発掘!」(二〇一八年六月～七月号)を再録する。

＊　＊

揺りかごから墓場まで

二〇〇三年六月に設立、子どもとお出かけ情報サイト「いこーよ」を展開する「アクトインディ株式会社」(下元敬道社長)は、少子高齢化の時代に「揺りかごから墓場まで」という人間の生と死に関わるネットマーケティングサービスを展開してきた。

二〇〇三年七月に日本初のネット上での葬儀社紹介サービス「葬儀サポートセンター」(二〇一四年一二月サービス終了)を始めて、二〇〇五年一一月には霊園墓地検索サイト「ついのすみか」(二〇一七年二月サービス終了)をスタートさせた。

下元敬道社長は「先祖を含め、上の代のおかげで今がある。今の代は未来の世代から見れば、上の代ですから、ちゃんと上からいただいたものは、次の代につなげる形でお返しする責任と義務がある。それが一気通貫にならないと、世の中は良くなっていかないという思いがものすごく強い」と、上の人たちを敬うという当たり前の文化を残すサービスに携わった理由を熱く語る。

背景にあるのは、現代人が見失ってしまった日本の豊かさの原点をもう一度取り戻したいとの思いである。サービス終了の理由は後述するが、ひとまず事業を成功させると、次に人間の死とは対極にある生に向き合う。

二〇〇八年一二月、試行錯誤の末に築き上げたのが、家族とどこかに出かけようというとき、行きたい場所が検索できる子どもとのお出かけ情報サイト「いこーよ」である。

家族のお出かけを楽しくすることをコンセプトにした情報サイトとスマホアプリで、子どもと出かけたい場所と地図を簡単に検索できる。

施設情報六万三〇〇〇件以上、イベント数二万六〇〇〇件以上、口コミ・体験も二万九〇〇〇件以上が掲載されているほか、クーポンの有無や現在地からの経路検索も搭載されている。九歳以下の子どもを持つ子育て世代の八割が利用しているというのもうなずける。

今では、日本最大級のファミリー向けお出かけ情報サービスに成長。二〇一七年八月には、キッズデザイン協議会主催の「第一一回キッズデザイン賞」（経済産業省・消費者庁・内閣府後援）を受賞した。同賞は、子どもが感性や創造性豊かに育ち、子どもを産み育てやすい社会を創造するための製品・空間・サービスに贈られる。

二〇一八年二月には一般社団法人「価値創造協会」企業価値認定証（中小企業庁・中小企業基盤整備機構後援）を授与されている。同協会は「価格競争から価値競争へ」との理念を掲げて、日本的経営の良さを広く世の中に伝えるための支援活動を行っており、特徴的な価値を持つ中小企業を認定し、顕彰している。

アクトインディの企業理念・ビジョンとして掲げられているのは「五〇年後、一〇〇年後でも、あの時代に『あのサービスが起こって良かった』と思ってもらえるような価値を次世代に残す」というもの。一〇〇年後を掲げるのは、自分たちが何かをやったものの価値が本当にあったかどうかは、次世代あるいは次々世代になってやっと見えるはずだからだ。

一〇〇年続く価値とは、基本的に次世代・次々世代へ、つまりは永遠に人々の営みの中に残るということである。

下元社長が「本当の価値について何度も自問し、行き着いた答えは『サービスもプロダクトも政治も経済も、すべてはそれに関わる〝人〟次第で価値が変わる』ということ」と、創業の思いを語るのも、継続してこそ意味があると考えてのことだろう。

社名も、その実現のために不可欠な「アクト」（言うだけ、考えるだけ、でなく行動を起こす）、「インディペンデンス」（しがらみなく、独立した立場で自由に自社の理念を追求していく）、「インディビデュアリティ」（個性を尊重し、従業員が自己実現できる場所であり続ける）という三つの要素をピックアップしたものである。

二〇一八年はさらなる成長・成功のための分岐点となると同時に、真価を問われる年でもある。事業の拡大とともに、手狭となったオフィスも四月には新社屋に移転。家族が参加できるイベントスペースなども設けられる。その他、新たに旅行業免許も取得、旅行事業部を開設、本格的に自社企画によるイベント・旅行などを展開していく。

子育て支援事業「いこーよ」を核に、二〇一七年一二月にスタートさせたシニアマーケティング事業「ここから始まる・エンパーク」、社会的な価値の発信・ネットワーク事業「一般社団法人次世代価値コンソーシアム」といったサービスを提供、着々と周辺事業のグループ化を進めている。

ベンチャーでの経験

下元社長は一九七六年一二月、四国の高知で生まれた。父親は会社勤めをした後、独立して電気関係の仕事を始めたため、漠然と自分も独立して事業を始めたいと思っていたという。

とはいえ、家を継ぐという時代ではなく、地元の高校を卒業後、青山学院経営学部に進学。二〇〇〇年四月、超氷河期と言われる中で、繊維系の商社に就職した。

入ってみたものの就活で語っていたこととやっていることが一八〇度ちがっていると分かり一二月には退社。ボトムアップで新人をどんどん新事業に登用していくという話は、ただの宣伝文句で、実際には二〇名いた新卒は名前ではなく「おい新卒！」と呼ばれた。

自分がどう頑張ろうと関係ない。そんなフラストレーションが溜まって、次に選んだのがＩＴ関係の広告代理店。リクルート出身の社長と社員一人のベンチャーに、三人目として入社したのだが、三カ月後には先輩社員が退社、社長と二人で仕事を続ける。

「それがホントにいい勉強になりましたし、実力もつけてもらいました。新卒に毛の生えた程度で何もできないいんですけど、社長から下元が何をするかで、ウチの会社の将来が決まる」と言われ、当然、失敗もするのだが、事業自体が伸びていく時代だったため、社長の言葉では「上りのエスカレーターに乗っているので、一人がコケてもエスカレーター自体は上がっていく」という、恵まれた時代環境であった。

「すごく楽しかった」という会社を辞めたのは、そもそもその会社の採用の条件が、ユニークな「起業家限定採用」というもので、将来、独立して起業することを前提にしていたからである。

下元社長の場合は「会社の売り上げを三年間で一〇億円にする」というもの。三年目に入って前期で四億、年間一〇億円達成が見えていたため、二年三カ月で退社した。

葬儀サポートセンター

辞めて何をするかは明確ではなかったというが、まずは社名を「アクトインディ」と決めて、二〇〇三年六月に会社を設立。葬儀社を自分なりの審査を行った上で、ネット上で紹介するサービス「葬儀サポートセンター」をスタートした。

独立に当たって、株式会社からスタートできたのも、二〇〇三年二月の法改正で、株式会社の資本金規制が撤廃されたこと。先達がその仕組みをつくってくれたからこそ、わずか五〇万円の資本金で設立できた。その先達にどのような感謝と恩返しができるのか、それが社名に込められた、今までにない価値を生み、未来につなぐ事業への思いでもある。

葬儀は本来、先達・先祖を感謝の思いで送る大切な儀式だが、近年は単なるセレモニーとして形骸化が進んでいる。生も死も厳粛なものであるがゆえに、ビジネスというステージにそぐわない面がある。逆に、そこに不足しているものをサービスという形で提供すれば、大切な人を亡くし、不安で気が動転している人の役にも立ち、十分に感謝される。

事実、ヒントは広告代理店時代に手掛けた葬儀社の広告の仕事をしながら、もし自分が喪主になったときに、とても頼みたくない葬儀社があったためだ。

そんな思いから「葬儀サポートセンター」のビジネスモデルを考えて、最初は一人で葬儀社を何社か回った。その上で、いい葬儀社、悪い葬儀社を自分なりの基準で振り分けて、日本で初めての葬儀社紹介サービスをつくったわけである。

「二四時間体制」のため、初めて社員を募集。七人応募のあった中から一人を採用してスタートした。

当時あった電話帳に載っていた同業者は、電話がかかってくると、系列の葬儀社を紹介するというもの。審査をした上で、希望に添う条件の葬儀社を紹介するわけではない。

とてもライバルたり得ないことから、葬儀サポートセンターは業界のパイオニアとしての実績を積んでいく。

二〇〇五年一一月に日本で初めて霊園墓地を検索するサイト「ついのすみか」を立ち上げたのも、葬儀の後にお墓に関する相談が多かったため。葬儀社とお墓の紹介で、会社は順調であった。

だが、葬儀社ならびに霊園墓地紹介サービスは成功したがゆえに、やがてサービスを終了する。

机作り体験

多くのビジネスは、一社が成功して儲かるようになれば、二匹目のどじょうを目論んで同業者や新規参入業者が形だけマネて、似たような紹介・仲介サービスを始める。その結果どうなるかは、よくある価格競争に巻き込まれて、肝心のサービスの本質とかけ離れていくという展開である。

「途中から紹介会社がいっぱい出てきて、僕らはまじめに現地に行って、人柄も見て紹介しているのに、それがウェブ上では伝わらない。結局、何社か問い合わせて、一番安いところに頼むという値段だけの比較になっていく。自分たちの目指すサービスとは違ってきたかな」ということもあり、上の代に対する恩返しとともに、どうしてもやりたかった子育て支援事業へと向かう。

二〇〇六年に社内に子育て支援事業部を開設。下元社長が一つの例として手応えを感じていると語るのが、二〇一五年から始まった「木こり、机作り体験」である。

下元社長の出身地・高知で始まった「六歳になったら机を作ろう！」机作り体験は、二〇一八年は北海道・千葉・埼玉・東京・滋賀・高知の六カ所で開催される。

「地元の間伐材を使うことで郷土愛を育む」「親子で作る」をテーマに、六歳になったら机を作ることを、日本の新たな文化にしようという貴重な取り組みである。

机作り体験は木を倒す秋のきこり体験と、加工され乾燥させた机キットを組み立てる春の机作り体験からなり、セットで参加すれば、まさに自分が倒した木で机作りができる。

親子がモノを作る大変さを体験しながら、山や木の大切さ、役割に気づいていく。

日本の豊かさの原点である自然、つまりは山と川と海がある。その価値と文化を守る画期的なプロジェクトとして、二〇一六年一一月には環境省の「第四回グッドライフアワード」実行委員会特別賞を受賞。賛同者も増えて、ますます人気になっている。

二度の失敗

今でこそ順調に思えるが、今日の成功は二つの失敗といくつもの試練があってのことである。

もともと「未来を担う子どもたちのためになるビジネスを」と考えて、子育て支援、親を含めた教育サポート事業へのチャレンジを始めたのは二〇〇六年のことだ。

最初に始めたサービスが「産むぜ！ベイビー」なるサイト。出産をテーマに、全国の産婦人科の情報をデータベース化して、多くの産婦人科医の中から、自分に合った出産方法、病院などを地域別に探せるようにしようと、目論んだものだった。

アイデアはさておき、現実は産婦人科医不足で、妊娠がわかった時点で、急いで通院・出産場所を確保しなければならない状況だったのである。情報・サービスは必要だとしても、産婦人科病院から月々掲載料をもらって運営するといったビジネスモデルなどあり得ない。実態を知らないがゆえに失敗に終わる。

次に立ち上げたのが、親を教育するための「ＯＹＡＩＫＵ」（親育）。子育ての基本は、自分を含めて親がしっかりしていなければ子どもも育たないとの信念が根底にある。特に、核家族化が進む都会では、育児に関して相談しようにも周りにノウハウを教えてくれる人がいない。そこにニーズがあるだろうと考えて立ち上げたものだ。

新しく親になった人たちに必要な子育て情報のほか、具体的なママサークルなど、子育てとともに親の成長をサポートする情報・サービスの提供を始めた。

だが、ママサークルは子どもが保育園に入った段階で自然消滅するなど、サイトに掲載しても「問い合わせたら、もうなかった」といった具合で、情報更新の手間とコストがかかりすぎる。結局、こちらも撤退して、三つ目のサービスが「いこーよ」というわけである。

失敗の連続で「もうやめてくれ！」という社内の猛反対を振り切ってのチャレンジには、いわば「暗黒の時代にあっても、何か次の事業をつくっておかなければ」という、下元社長の経営者としての思いがあってのことだった。

結果的に、それが今日の成功につながっているのだから「その時のことは、いまでも大きな自信になっている」と語る。だが、先見の明を自慢するほどおめでたくはない。

実際には潮干狩りやいちご狩りなど、毎年情報を更新するのだが、売り上げも利益も上がらない。更新を怠って「いこーよを見て遠くまで行ったのにやってない。どうしてくれるんだ！」といったクレームが来る。ひたすら「すみません」と謝るしかないのだが、そんな失敗を重ねて「何度も止めよう」と思いながらも、何とか乗り越えて今日がある。

立ち上げから二年ほど低迷を続けた最大の原因は「いこーよ」は母親層に強いヤフーからの利用が少ないことだった。ところが、独自の検索エンジンを採用していたヤフーが方針転換して、グーグルのエンジンを採用した。その後、ヤフーユーザーからのアクセスが急増、今日の快進撃が始まった。

「偶然の産物。たぶん運ですね」と、下元社長は笑うが、時代のニーズとITサービス環境が、時期的にマッチングしたわけである。

イケテル会社

運も実力のうちというのは、成功者の絶対条件である。

「いこーよ」の成長とともに、アクトインディは二〇一三年に、さらなる飛躍を目指して大勝負に出る。

下元社長の考える経営者の仕事とは、目先の事業、目下の実績・目標に注力するのではなく、常にその先を考えることだ。

「外部からの出資は受けない」と言っていた下元社長だったが、実際に「いこーよ」が成長しはじめると、それまでの葬儀社紹介サービスとは異なり、メディアとして編集部を持って、ちゃんとしたコンテンツのものをつくらなければならない。同時にシステム的にも複雑化したため、それに対応できるようにする必要もある。

それまで、下元社長の個人商店的な感じだったアクトインディだったが、成長の勢いを次につなげるためには、やはり先行投資を行う必要がある。その資金をどうするか？

下元社長は事業計画案をつくって、日本を代表するＩＴ長者であり投資家の一人として知られる人物から、一億円を引き出した。

条件は「金は出しても口は出さない」という何とも虫のいい話だが、相手は「いいよ」と、初めて会ったその場で、一億円の出資に応じてくれたという。

出資を受け入れて人員も一気に増えたのはいいのだが、社内には「ウチの社長、意外とやるな」という声とともに、伝説の成功者が認めた「イケテル会社」という雰囲気もあって「この先、お金に困ったら、また誰かが出資してくれるはずだ」と、そんな雰囲気が蔓延していたという。

好事魔多しである。出資を受け、体制を整えて勢いに乗るはずの二〇一四年三月決算で、七〇〇〇万円の大赤字を計上する。本来、伸びるはずの五月の連休の成績も振るわず、夏休みを前に恥を忍んで、社員一人ひとりと面談した。

「今後、外部から出資をお願いすることはない。この一億円で一人立ちできなければ、会社は終わりにする」とハッキリ宣言した。そして、本気だということをわからせるためもあって、業績回復後に元にもどすことを条件に減給した。

同時に、専門職の人間が増えたこともあり、それまでは下元社長がすべて把握してきた業務を、一チーム一〇人以下のチームに分ける形で権限委譲した。

結果、みんなのやる気に火がついて、翌二〇一五年三月決算は無事黒字になったばかりか、過去最高益が出て、給料を下げた分以上の期末ボーナスを出し、見事危機を乗り切った。

その間、いろんな人間が入ってきて、その半分近くが辞めていった。どこのベンチャーでもあることだが、残ったメンバーの中にアクトインディの理念やビジョンを共有できる有能な人物がいて、彼らに「自分たちの思うように仕事をして結構です」と任せたところ、すべてうまく行くようになった。

リーダーの役割

新事務所移転後のゴールデンウィーク明けに、アクトインディ本社では、各チームの報告会で「期間中にユーザー数の記録を更新しました！」「売り上げの過去最高が出ました！」との発表に、その度にパチパチパチパチと拍手が起こっていた。まさにアクトインディの快進撃を象徴する光景である。

そんな社員の頑張り、権限委譲の成果を見ながら、下元社長は「経営者は目下の足元を見ながら、五〇年後、一〇〇年後にどういう状況になっていて、その時にどんな事業を用意しておくべきか、それが本来の仕事だ」と気を引き締める。

要は、成長期の高揚感に浸るのはいいとしても、すでに日本は少子高齢化が進んで、この先は人口が減少していく。今日の過去最高がいつまでも続くはずがない。やがて数字が落ちてくる。

「その時に何もなかったら、もう終わった会社になってしまう。次の時代をつくっていくものを、どう用意していくかが自分の仕事だと思う」と語る。

編集部を例にとると、彼がスタッフに言っていることは、「儲けや数字は気にするな」ということだ。多くのメディアの編集者が売り上げを気にしながら制作をしている中で、アクトインディの方針は貴重である。

下元社長は「子育て世代のパパ・ママが、その記事に出会って良かったと思える。そういうコンテンツを全力でつくってほしいとお願いしています。売り上げは別の部署が立てるので、そこは気にしないでいいですと言い切って」と強調する。

他社から転じてきた編集者は、今までの会社とはちがうと意気に感じて全力を出す。それができるのも営業その他、別の部署の連中が頑張ってくれているからだ。そんな彼らにお礼が言いたいというのが、下元社長の思いである。

まだまだ課題は多いが、編集と営業のそれぞれの良さを生かすことができる環境ができている。

六歳からの机作り体験、温泉旅館や銭湯での子どもたちのお仕事体験などの取り組みをはじめ、葬儀・葬儀後の疑問解決サイト「エンディングパーク」をリニューアルし、高齢者向けサービスを集約することによって、シニアパワーを生かす「エンパーク」も、一般社団法人「次世代価値コンソーシアム」による情報発信や研究などの社会的な取り組みも、目先の利益よりは将来を想定してのもの。子ども・育児世代・高齢者をつなぐ次世代価値コンソーシアムのキャッチフレーズは「かっこいい世界を次世代に手渡す」である。

そのためのサポート体制とともに、環境は整いつつある。アクトインディの福利厚生制度には「母の日手当」や「父の日手当」、「敬老の日手当」などの各種手当のほか、「いこーよ」登録の施設に行くと支給される「お出かけ手当」、お墓参りに行った写真を送ると支給される「お墓参り手当」などがある。

多くの取り組みのベースにあるのは、先祖・先達から受けた恩恵をどれだけ次世代に引き渡す形で恩返しするかという思いである。

アクトインディ卒

アクトインディの将来に関して、下元社長は「売り上げとか利益といった面では、何も計画はしていない」と語る。

もちろん企業の成長とともに収益を確保するのは、経営者として当然のことだ。しかし「売り上げなどの目標を掲げても、数字上の辻褄を合わせようと思ったら、いくらでもできるし、その結果どんどん本質から遠ざかっていく。それが短期的には問題がなくても、一〇年後、二〇年後には、確実に弱体化していく原因になる」と、基本的にトップダウンで、何年度には何億円といった数字は、さほど意味がないと考えているようだ。

もちろん、目標がないとチームがまとまらない。その点は、将来的に自分たちがどうなりたいのか、チームのメンバーにどうなってほしいのかをよく考えて「素敵な未来」を思い描く。そこでは経費も給料も自分たちで決めて、それで赤字になったら、もう将来はない。あくまで黒字を前提に、チャレンジを続ける。

「社員同士いろんなことを学びながら、すごくいい成長をしている。彼らが失敗を重ね、いろんなことを体感しながらやっていることは、いつか役に立つ。三年後ぐらいにはすごく強い会社になる。そんなイメージを持っています」と、その未来像を語る。

それは自分たちの国、世界をどうしたいのかということでもある。

「自分みたいな人間がグダグダと試行錯誤しながら、結果的に今、いこーよがそれなりに成功して、それをベースに多少は自由に動けるようになってきました。『下元社長にできるなら、自分はもっといいものがつくれる』という人間がいっぱい出てきても不思議ではない。ウチの会社からも社外からも、チャレンジする人間が増えてほしい。いわば〝アクトインディ卒〟で、どんどん素晴らしいサービスをビジネスにする人間が増殖する。そうなっていくと、ホントに自分たちがやっていることの意味があるかなと思います」と、次世代への期待を語る。

＊　＊

「いこーよ」の強み

次世代の子どもたちに「和」の心を育む象徴的な取り組みである机作り体験は、その後も増え続けて、二〇一八年当時六県だったものが二〇二〇年時点で、一二～三カ所に増えている。しかも、多くの林業組合の人から「ウチでもやりたい」という形で、地味ではあっても、確実に全国に広まっている。

確かな手応えがある一方、アクトインディでもIT・デジタルツールを駆使したリモートワーク、オンライン会議やサービスを徹底するなど、コロナ感染により、ビジネス環境は一変した。

そうした中、コロナ後はいち早く、現実に役立つ情報・サービスとして、例えばアクトインディの情報網を活かした施設の除菌・抗菌さらには専門業者とつなげるといった手伝い。あるいは、コロナ下で現実に困っていることに対応、解決策を提供する。身近な例ではデジタル化のサポートや助成金の申請その他、資金繰りの手伝いなどできることは少なくない。

コロナ後、様々なオンラインサービスが積極的に展開されている中、アクトインディでも外出の機会が減ったファミリー向けに、在宅で子どもたちも一緒に楽しめるオンラインイベント、マッチングサービスなどのデジタルサポートを行っている。

「いまは正直しんどい」と本音ももらすが、本文にあるように、次世代に伝えるべき価値、残すべき価値をテーマにしてきているため、目先の損得に一喜一憂することはない。

そこには下元社長の経営者としての考え方がITベンチャーには珍しい、極めて「和」の要素の強い日本的経営を基本にしてきた影響もある。

「どちらかというと、企業として利益率を上げること、正社員を減らしてアルバイトを増やす、外注を多く使って固定費を減らしてということには、あまり積極的ではない。経済的観点だけから見れば、一人当たりの売り上げなり、利益率を高めていくのが優秀な経営者なんでしょうけど、それはちょっとというところがあって。利益はちゃんと確保しなければいけないと思っていますけど、一方でなるべく自前でと考えて、人を多く抱えながらやっている面はある」と、自らの経営を語る。

勤務体制もともとフレックスであり、リモートOKという環境が整っていた。

アクトインディの強みは、主力の「いこーよ」を子育て世帯の多くが見ていることによる広告価値である。

コロナ禍におけるテレビメディアの影響の大きさは、善きにつけ悪しきにつけ否定できないものがある。だが、そのテレビも確実にユーチューブなど、ネットに人気を浸食されている。

ウェブの情報に関しては、少なくとも子育て世代にもっとも閲覧されているサイトの一つが「いこーよ」である。コロナ後、閲覧数に変化があるとはいえ、子育て世代に幅広く利用されてきたという事実は、コロナ後も子育て世代向けの広告やPR媒体として有効だということだ。

レジャーサミット2020

二〇二〇年九月、アクトインディはコロナ時代を生き抜くための戦略をレジャー業界一丸となって考えるオンラインイベント「レジャーサミット2020～コロナ時代を生き抜け～」を共催した。

オンライン配信事業・CtoC体験マッチングサービスTABICA（たびか）を提供する株式会社ガイアックス（東京都千代田区・上田祐司社長）と、自治体・企業・イベント等のオンライン体験を提供する一般社団法人オンライン体験協会（神奈川県横浜市／小川佑子・やまだじゅりあ共同代表）と組んで、「＃レジャーを止めるな」をコンセプトに、Withコロナ、コロナ後への対応のため、様々なチャレンジ、新たな第一歩を踏み出す場を提供している。

多くの業界関係者とともに、下元社長も「ファミリーお出かけ需要の変化・約六四〇社施設調査からわかった『今レジャー施設がすべき対応』とは」をテーマに登壇した。

イベントは業界の垣根を超えた「和」が求められている中、大好評のうちに終わった。コロナ後のビジネス展開に、どの業界も苦労する中で、アクトインディの基本的なスタンスは「先達に感謝、次世代に恩返し」というものである。

苦境下でも、子育て、親子のコミュニケーションにとって「いこーよ」の必要性は変わらない。「和」のベンチャーとして、時代に合わせて、どう変化していきながら、何を提供していくか。

五〇年後、一〇〇年後に「あって良かった」という一〇〇年続く価値を、次世代に伝えていく。アクトインディのチャレンジは続く。

●日の丸ベンチャー　第11話

二一世紀の支え合いコミュニティを展開する「ささえあい生協」グループ

（新潟市西区／高見優理事長）

コロナ後のキーワード

ドイツ生まれの社会学者ヴォルフガング・シュトレーク著『時間稼ぎの資本主義』のタイトルではないが、近年のグローバル化を牽引してきた米国主導の株式至上主義＝金融資本主義の矛盾と限界、つまりは破綻を、今回のコロナ騒動が見事に暴いている。

コロナ後の行方は不透明ではあるが、東京五輪が延期になり、本来脚光を浴びていたはずのキーワード「おもてなし」は、今やほとんど聞くことはない。コロナ感染下の世界で共存のための「ささえあい」こそが、重要になっていると言えそうだ。

改めて指摘するまでもなく「ささえあい（支え合い）」は、家族、地域、さらには国や世界の在り方の基本である。当たり前過ぎて、普段は言葉だけが先行して、忘れられていることが多い。例外が大災害など、大きな不幸や悲劇に襲われた時に、突然、世界中から支援物資や寄付などの善意が寄せられて「ささえあい」の重要性を思い知らされる。

災害ユートピアとは世界的な大災害や大惨事が起きたときに現れるユートピアのごとき現象を言う。大災害時に、思いやりに満ちた人々の善意が寄せられ、世界中がやさしくなる。

なぜ、災害時だけなのか。普段から助けを必要とする人々、虐げられた人々がいる世界の現実、社会の矛盾に目を向けることで、手を差し伸べ、ささえあえばいいだけのことである。そこに世界の理想の姿がある。

そんな「ささえあい」を前面に掲げて発足したのが、今日の世界に欠けているささえあいの精神を、地域における生活や組織の使命とする協同組合「ささえあいコミュニティ生活協同組合新潟」（以下、ささえあい生協）を中心とした「ささえあい生協グループ」（高見優理事長）である。

自由・自治・平等という当たり前の社会生活を実現するための社会福祉事業を展開するささえあい生協グループの歴史と概要を知るために、まずは『エルネオス』の「ベンチャー発掘！」（二〇二〇年九月号）を再録する。

*　　　　　*

典型的な成功モデル

「ささえあい生協グループ」は、今日の世界に欠けているささえあいの精神を地域における生活や組織の使命とする協同組合「ささえあい生協」が中心になっている。

ドイツ農村信用組合をつくり、協同組合の父と呼ばれるF・M・ライファイゼンの言葉「一人は万人のために、万人は一人のために」を地で行く「ささえあいの地域づくり」を進めてきた。新潟市を中心に県下で「自由・自治・平等」による社会生活を実現するための社会福祉事業を展開。二〇二一年二月、創立一五周年を迎えた。

本体のささえあい生協の事業と組織の概況は、二〇一九年度の事業高（福祉事業収入）が約九億六三六〇万円（一七事業所・組合員一五四〇人）、出資金約一億三〇〇〇万円超となっている。

事業内容は小規模多機能型居宅介護事業、通所介護事業、グループホーム、サービス付き高齢者向け住宅。行政からの委託事業である地域若者サポートステーション、新潟市ひきこもり相談支援センター、障がい者の就労支援事業所きままま舎など幅広い。

その他、グループとして、特別養護老人ホーム（特養）を運営する社会福祉法人「けやき福祉会」、地域をつなぐ活動を続ける「にいがた協同ネット」や生活困窮者自立支援、身元保証・生活支援サービス、「フードバンクにいがた」や子ども食堂、市民エネルギー発電などの事業や運動、人材探し並びに資金提供など、地域の問題に積極的に取り組んできた。

そんな協同組合が、なぜベンチャーなのか？

一つには、様々な事業を展開しているささえあい生協グループが掲げる事業内容は「福祉・生きがい・仕事おこし」である。仕事おこしは高齢者によるベンチャーそのものだ。

同時に、同グループのこれまでの歩みが、いわゆる協同組合のイメージとは異なる、ベンチャー精神に満ちていて、常にイノベーションを続けてきているためである。

その在り方は、現在の協同組合に関する典型的な成功モデルとして、関係各方面から注目されている。

無形文化遺産

ささえあい生協は協同組合の全国組織である日本高齢者生活協同組合連合会（以下・高齢協／高見優会長理事）の傘下にある。

高齢者が安心して暮らせる社会はあらゆる世代（老若男女）にやさしい社会である。そうした社会を実現するため、高齢協はみんなで出資し、社会に役立つ事業・活動を行う非営利組織＝協同組合として、もともとは日本労働者協同組合連合会（ワーカーズコープ）の呼びかけにより、全国各地に誕生した。高齢者や障がい者福祉に関わる事業と、多様な地域課題（困りごと）の解決に取り組んでいて「福祉の生協」とも呼ばれる。

近年の格差や分断が広がる世界にあって「自然と人、人と人が地域でつながり、老いも若きもすべての世代が、多様なやり方でささえあう生涯現役社会を目指しましょう」とメッセージしている。その高齢協に「コミュニティ協同組合」という形で参加しているのが、ささえあい生協である。

高齢協に限らず、本来、協同組合の考え方及び活動は、基本的にどこからも文句が来るものではない。というよりも、本来、すべての企業が理想とすべき考え方とも言える。

日本ではほとんど話題にならず、知られていないことだが、二〇一六年一一月にユネスコが「協同組合」を、次世代に引き継ぐべき人類の財産として無形文化遺産に登録している。

登録にあたってユネスコは、共助の精神で活動する協同組合を「共通の利益と価値を通じてコミュニティづくりを行うことができる組織であり、雇用の創出や高齢者支援から都市の活性化や再生エネルギープロジェクトまで、さまざまな社会的な問題への創意工夫あふれる解決策を編み出している」と評価している。

無形文化遺産の登録が、日本ではほとんど注目されなかったのは、日本の代表的な協同組合が登録に値するのかという以前に、組織としてさまざまな問題を抱えているからだろう。

つまり、すっかり商社並びに銀行と化した農協にしろ、金融不安・再編が叫ばれる中で経営悪化が危惧される信用組合・信用金庫、当初の理想を掲げてはいても、実質大手スーパーと変わらない生協など、長い歴史を持ち、大きな組織になりすぎた協同組合は、いまやお役所的な組織といったイメージが強い。

「伝統と歴史のある従来型の農協も漁協も、時流に流されすぎたり、権力に優遇されたりして、組織の在り方が崩れかけている。これは世界中、どこも同じです。しかし協同組合の理念と原則を守っているところは、少しずつでも広がっている。徹底した民主主義や自治、現場主義、いろんな言い方をされてますけど、ダメなところはそれがない。ましてやベンチャー精神とも無縁だから、イノベーションも起こりようがない」と、高見優理事長は自戒を込めて、厳しい口調で語る。

新潟でもある生協が経営に行き詰まって分裂して、傘下の社会福祉法人や新潟駅前ビルなどの資産を手放している。

そんな中で「新潟方式」を掲げるささえあい生協が注目されるのは、人類の遺産に相応しい協同組合の理念と原則を守りながら、成長を続けてきているからである。

ささえあい生協の特徴の一つは事業所設立の仕方と、もう一つは分権型の独立採算的経営方法など、その事業経営・組織運営が、本来の協同組合が理想とする「主体性と自律性を重んじ、自治と民主の現場主義を徹底しよう」との考え方を可能な限り貫いてきたことである。

新潟水俣病

ささえあい生協グループ理事長の他、高齢協会長理事など、多くの肩書を持つ高見理事長の原点は、学生時代に関わった新潟水俣病事件との出会いにある。その戦いは、形を変えて今につながっている。

高見理事長は一九四七年九月、京都に生まれた。生家は京都大学に近く、自然にノーベル賞学者の湯川秀樹・朝永振一郎博士に憧れて、一浪して京大理学部に入学した。

研究者を目指したが、時代は学生運動の最盛期、多くの若者が革命運動に走った。彼の周りにも北朝鮮やアラブに行く、過激な連中がいた。

京大でも科学者の社会的責任が追及され、大学解体が叫ばれていた。そんなある日、彼は新潟水俣病のことを知る。

一九五〇年代に九州で起きた水俣病が、六〇年代には新潟でも起きている。チッソと昭和電工が有害物質（メチル水銀）の混じった工場排水を垂れ流すことによる悲惨な公害事件である。世界広しといえども、この日本で、それは東大や京大の、いわば彼の先輩たちが引き起したことだった。

「一度ならまだしも、二回目も阻止できなかったことが、ショックだった」という彼は、現地で、どういうことが起きているのかを知りたくて、水俣病裁判の原告側証人の一人だった京大の川那部浩哉助教授（当時）から、新潟大学の滝沢行雄助教授（当時）を紹介してもらって、新潟に行った。

京大を一年休学。「内地留学」と称し、新潟大学医学部「助手」として、水俣病の研究に従事した。そのまま新潟に居ついて、現在に至る。

研究者の道もあったというが、もっと多くの社会的な問題に取り組みたかったことから、一九七三年に財団法人「新潟県安全衛生センター」に就職、公害と職業病をテーマに、さまざまな物質の調査や分析をしていた。親会社の社団法人は、当時、公害事件が多かったことから、健康診断と働く者の環境管理を行っていた。その職場で彼は待遇に不満のある若い労働者仲間とともに、待遇改善を求めて労働組合を結成した。

皮肉なことに、もともと労働基準局ＯＢがつくった社団法人であり、本来労働者に理解があるはずの彼らは、高見氏が書記長となった労働組合を問題視。労組設立の二日後、組合潰しのための第二組合をつくって職員を分断、結果的に彼が設立した労働組合は潰されそうになった。

不当な会社側の分裂工作や弾圧に対抗、少数労組の差別撤回を求めた労働裁判を起こして、八年闘った末に敗訴。数々の嫌がらせや圧力にも断固辞めないため、彼を職場ごと切り離す形で譲られたのが、その財団法人であった。

当初、それまでの事業を続けていたのだが、世間はそう甘くない。

「似たような会社が登場してくる中、経営者連中から『あそこに仕事を出すな』と、足を引っ張られて、一年半で干上がりました」と、苦笑する。

その後、労働裁判を担当した弁護士事務所（事務局長）に入って、いくつもの社会的事業を手がけている。

人権問題への取り組みの中で死刑制度反対などを掲げる「アムネスティ・インターナショナル新潟グループ」、冤罪事件をなくすための陪審制度推進の「新潟陪審友の会」、新潟県下の揚水式発電ダム反対のための「イヌワシ・ネットワーク」の設立。ボランティアの映画プロデューサーとして完成させた、水俣病という社会的なテーマをベースに、その土地に生きる人々の暮らしぶりを描いた記録映画「阿賀に生きる」（佐藤真監督）など、その人生は一言で言えば、社会革命家の道である。

扱う問題も幅広く、流行りの言葉ではＳＧＤｓ（持続可能な開発目標）を先取りした生き方ということもできる。ＳＧＤｓとは「あらゆる形態の貧困に終止符を打ち、不平等と闘い、気候変動に対処しながら、誰も置き去りにしないことを確保するための取り組み」である。

市民新党にいがた

多くの社会的な問題に取り組んできた高見理事長が、次にチャレンジしたのは市民による政治であった。世の中を変えるには政治の力が大きいことから「市民新党にいがた」の結成に参加した。

一九九四年一〇月、新潟県内の約五〇人という人数で旗揚げされた市民新党にいがたは、画期的な理念と基本政策をもとに、新潟県内ばかりではなく、広く全国の市民に「いまこそ地域から政治を変えるために立ち上がろう」と呼びかけた。

結成前に市民派の市会議員を誕生させていた市民新党にいがたは、さらに上を目指して県会にも進出。次は「国会だろう」と、村山富市連立政権下の一九九五年七月、市民塾を主宰してきた高見理事長が参院選新潟選挙区から出馬した。

参院選では市民による政党づくりにチャレンジ。「自民党は財界、社会党は労働組合といった特定の利害を代弁する政党ではなく、普遍的な人権の保証される環境や平和など、誰もが納得できる社会を目指し、一人ひとりの市民が政治にチャレンジしよう」と、市民新党にいがたへの投票を訴えて、既成政党に戦いを挑んだが、残念ながら落選した。

「情けなかった」と語るが、人生何事も経験である。一敗地にまみれた参院選出馬だったが、その政策は『市民新党にいがたの挑戦』（白順社）という一冊の本になっている。

市民新党にいがたの立ち上げに続いて「全国の各地方に地域政党をつくって、国政にも進出していこう」と呼びかけ、新潟で全国会議を開いているように、その運動は数年後の「緑の党」へとつながっていった。

参院選後は市民の生活に向き合うため「くらしの相談にいがた」を主宰し、市民の暮らしにまつわる諸問題の解決を図ってきた。新しい業態を考え出して臨んだつもりだったが、現実は思い通りにはいかない。

「いよいよ行き詰まって、その後は髪結いの亭主というか、女房に面倒を見てもらった。そのころのことを知っている関係者からは『よく離婚されなかったね』と言われる状態でした」と、当時の苦境を語る。

「くらしの相談にいがた」をほとんど持ち出しで続けながら、二〇〇〇年を迎えると「さすがに何とかしなければ」という状況の中で出会ったのが、今日につながる日本労働者協同組合（ワーカーズコープ）の協同労働理論だった。

社会革命家

ささえあい生協の発足は、二〇〇六年二月。数年にわたる準備期間を経て、難産の末、ようやく設立に至った。

事実、設立前の数年間は法人設立・事業経営ともに未経験の素人集団が「とにかく何か事業を」という状態の中、三名の要介護高齢者・家族のニーズに応えて、任意（無許可）の宅老所を開設した。

ささえあい生協設立後も七転八倒の苦難と失敗を重ねて、今日に至っている。

設立の年、高見理事長は五九歳で社会福祉士の資格を取った。ある先輩から「社会福祉士の資格ぐらいは取っておいたほうがいい」と助言されたからだ。専門学校の通信教育を一年半受けた後に、国家試験を受けた。相当の難関だったが、運良く一発合格した。福祉とは辞書を引けばわかるように「多くの人々の幸福」である。

「社会福祉士という資格は、社会革命家の制度なんです。困難を抱える人たちにどういうアプローチをするか。彼らの状況を変えるために、どういう専門的アクションが必要かという、いわゆる社会革命ということでは、結局、学生の時に考えていたことを、今やっているように思う」と、高見理事長は改めて総括する。

いまでこそ「事業所立ち上げマニュアル」もあり、その手順に関して、人材や資金などの課題を10点法でチェックできるようになっている。

マニュアルには設立以来、毎年挑戦してきた新事業立ち上げの試行錯誤、特に人員確保と資金調達の苦労・失敗の経験が教訓として生かされている。

設立当時は介護保険法が二〇〇〇年に施行されて、二〇〇六年から全国の市町村で、新たに地域密着型サービスがスタートする時期であった。

介護の現場で、それまで別々だったデイサービス、ショートステイ、訪問介護などのケアが一カ所でできる小規模多機能型サービスが可能になった。そのサービスに着目して、実現したのが、新潟市の第一号となった小規模多機能型居宅介護事業所「ささえ愛あわやま」である。

地域の高齢者によるベンチャーとはどのようなものなのか。そんな一例が、二〇一四年四月に設立された小規模多機能型居宅介護事業所「ささえ愛いしやま」である。

地元住宅街の真ん中にある「ささえ愛いしやま」は、自治会の協力を得て、地域住民らから出資金を募り、組合員になってもらって、共同で地域拠点づくりに取り組んでいる。

施設の一部を「地域の茶の間・ささえ愛いしやま」として活用。当初、介護事業所で地域の茶の間を開設することに対して「介護事業外の事業は認められない。中止せよ」と、行政担当者から指示があったというが、高見理事長が担当窓口に出向いて、時代錯誤な対応を撤回させるとの一幕もあった。

一方で、グループとしてのベンチャーということでは、社会福祉法人「けやき福祉会」のケースがある。

同グループと地域住民の信頼関係からくる底力を発揮して、地域のニーズに応える大事業となったのが、社会福祉法人「けやき福祉会」による特別養護老人ホーム（特養）「あい・いからしの郷」を含む地域拠点づくりであろう。

特養は社会福祉法人格がないとできないため、新たに社会福祉法人「けやき福祉会」設立に挑戦。法人設立に必要な基金一億円の調達をいかにクリアーするか。ささえあい生協が五〇〇〇万円の寄付を決断、けやき福祉会の会田きよみ理事長らが地域の約六〇〇〇軒を回り、四〇〇軒から五〇〇〇万円を集めたことにより、新潟市に一〇数年ぶりという新たな社会福祉法人が誕生した。

それは同グループが社会福祉法人を設立できるだけの力を持ったと同時に、広く社会的な存在として認知されたことを示す典型的な事例となった。

労働者協同組合法

働き方改革が叫ばれ、労働者の権利が問題とされるなど、労働環境にも変化が見られる。

現在の株式会社は、日本ではおよそ一五〇年の歴史しかないが、大量生産・大量消費・大量廃棄の経済成長を遂げた後、その限界を突破するため、さらなるグローバリゼーションによる規制緩和・自由化と、直接事業にタッチしない株主の意向に左右されてきた。

本来、会社のサポーターであるべき株主が、自らの利益を優先するようになった結果、かつての近江商人の心得とされた買い手・売り手・世間の「三方よし」の会社はほとんど存在しない。

そうした現実を変えようと、地域のため、率先して協同労働の考え方に基づく協同組合づくりを行ってきたのが、ささえあい生協グループの歴史である。

「いつでも、だれでも、どこでも協同組合を立ち上げることができ、働く者が組合員となり主権性を持って、地域の主体者となることができる」というのが、普遍的な協同組合制度である。活動の歴史の古いヨーロッパでは、すでに「協同組合基本法」がある。

わが国でも日本労働者協同組合連合会などが長年、法制化に取り組んできた「労働者協同組合法」が、二〇二〇年一二月に公布、施行されている。

同法案の特徴は1．組合員による出資（出資）、2．組合員の意見を反映した事業の運営（意見反映）、3．組合員自らその事業に従事する（従事）という三つの原則を基本原理とするものだ。

労働者協同組合法ができることによって、これまで以上にさまざまな場所で、いろんな人たちが活動を始め、社会的事業を起こす。株式会社とは異なる論理で、みんなで話し合い、一人ひとりの意見を大切にし、地域を守っていこうという流れが始まる可能性がある。

高見理事長が結成に参加した「市民新党にいがた」が画期的だったのは、普通の政党とは異なり、党の決定に反対したからと言って除名はされず、決定に従わなくても良かった。反対の自由が認められていたことだ。

そうした対応は「民主的な運営とは何か？」を考える中から生まれてきたというが、そこでの民主的な運営は、今日のささえあい生協の考え方と共通する。

「協同組合が株式会社と決定的にちがうのは、組合員は全員一人一票ということ。株式会社は一株一票ですから、お金の量ですべて決まってしまう。協同組合は非営利で、民主的な自治組織ですから、私のようなトップリーダーでも、一票しかない。これはかなり重要な原理なんです」と、そのちがいを強調する。

さらに、決定に従わないという権利も認めた。それは少数派の意見が正しいことがあるためだ。ある程度、時間が経過した段階で、もう一度総括するためにも、除名にしない。その代わり決定事項・方針に対して「妨害してはいけない」という条件がつく。

重要なことは組織として、できるだけまちがいをしない体制をとることと、間違いとわかった場合は間違いを認め、修正できる柔軟性があるということである。

ささえあい大学・銀行

全体としては順調なささえあい生協グループだが、当然、一部事業所で経営が苦戦していること、ワーカー不足が常態化している他、同グループにおける協同労働の理念の浸透や事業の総合化・複合化、地域共生事業への展開が不十分であることなどの課題はある。

だが、株式会社が多くの矛盾を抱える一方、世の中は社会的連帯経済の必要性を実感している。社会的連帯経済の代表的存在でもある協同組合は、ＳＤＧｓが時代の趨勢となり、企業社会でも当たり前の指針となるなど、世の中の追い風を受けている。

とはいえ、多くの協同組合はどこも苦戦している。ささえあい生協グループでも、初代の高見理事長らが苦労して築き上げてきただけに、いかにその理念と目的を共有し、強い組織であり続けられるか。そのため、急務として進められているのが、組織を支える人材づくりである。

そんな「常に人間が成長できる組織」を目指す同グループの将来像について「私たち一代ではできないでしょうが」と前置きして、高見理事長は個人的な思いとして「将来的には新潟に自分たちの大学をつくりたい。金融機関と教育機関を持って事業を展開できれば、地域に対する影響力をも発揮できるし、いろんな地域と連携を深めることによって、日本全体を変えていける」と、大きな目標を思い描く。

価値ある事業と安定した経営を両立させるためにも、今以上にささえあい生協グループの理念を理解し、活動を担う多くの後継リーダーを育てる必要がある。

すでに世界には、手本とするべき実例がいくつもある。協同組合が銀行や信用金庫、大学を持ち、いくつもの事業体を束ねている。それは地域では経済も政治も自分たち市民の手で回していくべきであり、そうすることが、本当の自治だと考えているからである。

新潟でも大学づくりの「前段階」として、すでに二〇一九年一〇月から、新潟大学で協同組合に関する寄付講座「働くことと地域づくり〜協同組合理論」を始めている。第二期である二〇二〇年も下半期から講座がスタート。二〇二一年は県内の他大学にも広げようとしている。大学での協同組合に関する講座は、全国の大学に広がっている。

企業社会でも、いわゆるトヨタ大学、ソニー大学、マクドナルド大学などと呼ばれる、さまざまな形の教育・研修機関を持っている。銀行に関しても、例えば世界のトヨタは世界企業であるゆえに、海外貿易・為替取引などの必要性から、実質トヨタ銀行などと言われる。

高見理事長がやろうとしている、そうした大学、銀行づくりは協同組合としての試みだが、それは多くの企業＝株式会社が、株主のためである前に、本来の使命である会社、つまりは社会が存在しなければ、いくら利潤を追求したところで意味がないことの裏返しである。

学生運動＝社会革命の道を歩み続けた高見理事長らが率いるささえあい生協は、株式会社ではないが、実は理想の株式会社の在り方をメッセージするものでもある。

それは資本が労働を使う関係から、働く者が主体となり、いわば労働が資本を使う。その場合の資本とは自分たちが出資した資金の他、事業のための施設や労働者などを含む、そうした新しい経営の在り方こそが、ささえあい生協を他の協同組合の一歩先を行くベンチャーたらしめているのではないだろうか。

根底には社会全体に広がる格差や矛盾に対して、学生運動当時からの「弱いものいじめはいけない」という強い思いがある。

そのチャレンジこそが、協同組合に似つかわしくないベンチャーそのものである。混迷の続くコロナ後の時代にささえあい生協グループの担う使命は大きい。

＊　　＊

宇宙超出学会

「ささえあい生協」グループの高見優理事長に初めて会ったのは、二〇一六年七月、新潟大学社会連携センター・松原幸夫教授（当時）がコーディネーターとなっていた地域連携フォーラム「高齢者に働く場所と生き甲斐を！」というイベントの席である。

理系の高見理事長と文系の筆者では、接点はあまりなさそうだが、実際には童謡詩人・金子みすずの詩を愛唱するといった共通点もある。

学生運動の盛んな時期の京大理学部出身とはいえ、高見理事長には科学一辺倒ではなく、唯物論のみならず、心の分野に通じる見えない世界に理解を示す度量の広さがある。

事実、京大卒業後、公害訴訟の他、環境、人権問題など多くの社会問題に取り組んできた彼の経歴の中には、極めて異色と思える「宇宙超出学会」主宰がある。

「宇宙超出」とは、澤登佳人・新潟大学名誉教授が、提唱する概念・思想である。

澤登教授は法学の専門家だが、法学のみならず、森羅万象あらゆることをテーマに、命・生命というものに目を向けてきた。

著書『生命とは何ぞや』（現代人文社）あるいは「生命はこうして物質宇宙をつくった」といった講演集など、多数の著書を出しているが、その答えこそ、宇宙超出という意識、働き、エネルギーの賜物ということだ。

命・生命とは生物学的な生命のみならず、心や意識、物質の生成・流転を含めて、そのすべてが大きな宇宙全体の「生命」と関わっている。

心理学の世界では、A・マズローの人間の欲求五段階説が有名だが、自己実現の先には自己超越実現という概念がある。その自己超越と同様に「自己超出」は、一般的な自己啓発セミナーや宗教上の修行等の目的・到達点を示す永遠運動のようでもあり、そして「宇宙超出」とは、自己と宇宙は切り離せない関係性を持っていることから、自己超出の先に宇宙超出がある。それが究極の自己超出というわけである。

そこでは自己とともに、宇宙もともに〝超出〟することによって、進化を遂げていく。それが地球の、また人類の歴史であり、全存在（＝いのち）そのものだという。

「三〇年前、澤登先生の思想に触れることによって、自分が大きく変わった」という彼は、その深遠な思想に共感することによって、自ら「宇宙超出学会」を主宰してきた。

「和」の民主主義・資本主義

一般的に左翼主導のイメージが強い協同組合（ワーカーズコープ）の中で、ささえあい生協グループが一味ちがう印象があるのも、高見理事長の科学一辺倒、唯物史観等に凝り固まっていない柔軟性が反映されているためだと思われる。

もともと、ささえあいを基本にする考え方・生き方は、厳しい自然と共存してきた日本人が、本来身につけてきた生きる知恵であり、生活文化であった。

民俗学者・宮本常一が『忘れられた日本人』に記した村の民主主義には、村人が寄り合いの場でとことん話し合い、その日、決着がつかない場合、また次の日に話し合う。それでも決まらない場合は、村の長老に判断を委ねる。そして、全員が納得する結論を得る。

単純に多数決で決めない「和」の民主主義の原型である。

あるいは、日本型資本主義を明治期に展開して、ドラッカーの経営理論にも影響を与えた渋沢栄一の『論語と算盤』、神・儒・仏の教えに従い、商人の道を説いた「石門心学」の石田梅岩など、江戸時代にすでに「和」の資本主義が確立している。

「道徳なき経済は犯罪である」と語り、道徳と経済の融合を説く「報徳思想」を薦めた二宮尊徳は、江戸末期の藩財政再建、地域の改革などに手腕を発揮した。当時、日本中に飢饉が広がる中、二宮尊徳が行ったことは、要するに「平和」のイノベーションである。

　コロナ禍で現代の民主主義並びに資本主義の世界のルールが破綻。何かあると、よく言われた自己責任論は、どこかに消えて、改めて「和」の民主主義、「和」の資本主義に目を向けたとき、そこにはコロナ後の世界を平和に導く考え方・知恵がある。

　そのベースにあるのが、西洋の対立構造を基本とする世界に対して、日本の「和」とともに、日本型民主主義や資本主義を矛盾なく機能させるための「ささえあい」である。

　コロナ後の世界に、協同組合の持つ価値と使命が明確になる中、新潟発「ささえあい生協グループ」もまた、活躍の場が広がるとともに、その真価を問われることになる。

エピローグ

メキシコの新型コロナ患者を救った「日本発！世界№1ベンチャー」

「和」のイノベーションの現在地

「日本の良さ」について、日本で生活する多くの外国人や留学生が指摘するのは、親切でやさしい、勤勉で正直、自分より周囲を優先する思いやりがあるといったところだ。

日本のサムライ、やまとなでしこのイメージがどこまで残っているかはさておき、テロや暴動、災害時でも市民による略奪が当たり前という外国に比べて、安全で清潔なことは確かである。だが、彼らの語る日本の美徳は「いまだ健在なのか？」という疑問の声もある。

日本が西洋化された結果、昔の日本にはあった多くのものが、どんどん失われているのも、もう一つの現実である。

そうした西洋的価値観に浸食される日本社会の現状と似たような運命にあるのが、何かと評判が悪い日本的経営だろう。

コロナ後、リモート勤務やオンライン会議が当たり前になる中で、問題となっているのも、日本企業の遅れたＤＸ（デジタル・トランスフォーメーション）対応である。ＤＸとはデジタルとデータを使ってビジネスモデルを変革し、事業のみならず、組織内の古い体質を刷新する取り組みである。

ＩＴ・デジタル面で日本は中国・韓国の周回遅れ以上と言われる。日本の職人技による伝統的なモノづくりの強みがＩＴ・デジタル分野では、ほとんど発揮されないためだ。

競争と効率、つまりは利潤追求と表裏一体のスピードが求められるデジタル分野でも、社会との共生・協調が求められる日本的経営に勝ち目はない。もし、勝つ可能性があるとすれば、急がば回れといった知恵の恩恵、あるいは負けるが勝ちといった僥倖に見舞われるときである。

本書には、そうした分野で独自の展開をしているＩＴベンチャーも登場する。

問題の本質は、人間の命や尊厳を守る持続可能な科学技術よりも、安易な利益至上主義が優先されることだ。その結果、いまや月や火星にまで行こうとしている成功者もいる。イノベーションの行き着く先である。

しかも、それが当たり前とされ、称賛される。どうも、順序がちがうのではないのか。その前に、人類と地球の危機的状況を改善・回避するための課題に取り組むべきだろうというのが、心ある人々の願いである。

いまごろになってＳＤＧｓ、ＥＳＧが脚光を浴びているのも、その当たり前のことが、実はないがしろにされてきたからであろう。

真の問題は文明社会の大きな原動力になっている科学技術に、肝心の人間がまるで追いついていないことだろう。

「和」のイノベーションの現在地を考える上で明らかなことも、すべての鍵を握る人間に向き合うことなしに、世界の課題は解決されることはないというものだ。

本書で取り上げた一一社が、理想そして使命感とともに「平和」というフィールドで、生き生きと躍動しているのは、いずれも日本らしさを味方に、世界を意識しているためである。

新・日本的経営の時代

「プロローグ」で指摘しているように、イノベーション流行りの昨今。欠落しているのは人間そのものの変革、ソーシャル・イノベーションである。

コロナ、さらにＧＡＦＡ後の世界は、従来の競争・効率・利潤追求といった利己的な思考方法に代わって、改めて「協調」「支え合い」「共感」「思いやり」といった利他の考え方が、企業にも要求される時代だと言われる。

そこでは、これまでの新自由主義、金融資本主義、株主至上主義など、言い方は様々だが、いわゆる強欲資本主義の後に、日本にもかつてあった伝統的な資本主義（日本型資本主義）への回帰、道徳と経済が融合した形での、いわば社会的資本主義（社会的市場経済）が必要とされている。

日本の良さを生かした「新・日本的経営」は「和」のマーケット、「平和」のステージでこそ必要とされるビジネスモデルだからである。根底にあるのは、日本の「和」の思想と「平和」の精神に象徴される日本の文化である。

本書を特定の一社ではなく、一一社を「和」のイノベーション・ベンチャーとして一まとめにしたのも、一人のヒーローが世の中を変革するのではなく、様々な課題に取り組む人々の思いや取り組みが一つになって、世の中の変革を可能にするはずだからである。

彼ら一一社の取り組みもまた、「和」と「平和」のためのソーシャル・イノベーションだということである。

ベンチャーとは「新技術や高度な知識を軸に、大企業では実施しにくい創造的・革新的な経営を展開する中小企業、ビジネスのこと」である。英語のもともとの意味は「冒険」「危険な冒険的事業」のことだ。

コロナ下に限らず、昔も今も「日の丸ベンチャー」の道は厳しい。

メキシコで使われる「ウエルネス」のνG7量子水

本書は、会員制ビジネス情報誌『エルネオス』(エルネオス出版社)の連載「早川和宏のベンチャー発掘!」に掲載されたベンチャー企業をまとめたものである。

二〇一一年一〇月、最初に出版された『日本発!世界No1ベンチャー』から数えて、五冊目のベンチャー本となる。

最初の『日本発!世界No.1ベンチャー』の帯には「世界一はすごい、楽しい、夢がある、でもちょっと辛い・・・」と書いてある。

画期的であるがゆえに、なかなか受け入れられず、簡単には報われない。既得権益で守られた業界からは、逆に足を引っ張られて苦労することも多い。

そんなベンチャーの苦労は一〇年後の今日、コロナ禍に苦しむビジネス世界においても、さほど変わりはない。

改めて、コロナ・パンデミックについて考えてみるとき、新型コロナにより、多くの死者が出ていることは憂慮すべき事態だが、例年、冬は本格的なカゼ、インフルエンザの流行期である。発症した患者数ではなく、病気の常識を変える感染自体を問題にするのだから、感染者数は増えて当然である。

しかも、通常は他の検査結果と合わせて用いる判定手段の一つでしかないPCR検査のみで、感染者を特定する。これまでの感染症ではあり得ないやり方であり、検査そのものを疑問視する医療関係者も少なくない。

新型コロナ用のワクチン自体、遺伝子操作によるDNAワクチン（RANワクチン）のため、大量生産が可能な一方、これまで実際の病気に投与されたことがないといった不安がある。

ワクチンによる副作用も伝えられる中、結局のところ、自分を守るのは人間の持つ免疫力がカギとなる。

事実、ワクチンが唯一の解決策とされる中で「日の丸ベンチャー」もまた、画期的なコロナ対応策を提供している。

本書にも登場する「メディサイエンス・エスポア株式会社」(松本高明社長)は、酸素不足、血中酸素濃度の低下がコロナへの抵抗力を弱め、重篤化を招くことから、withコロナ時代の必需品として、不足しがちな酸素を飲んで補給できる酸素補給水「WOX」や水蒸気の形で効率的に肺から補給できる「酸素ミスト吸引スティック」など、一連のWOXシリーズ商品を提供している。

同時に、医療現場における感染症対策の弊害から、アルコールや次亜塩素酸水に代わって、銀を用いた安全・安心な消毒剤「HTシルバー」を開発、コロナ時代を視野に入れた「Agウォックス10」を市場に送り出し、積極的な利用を促している。

厳しいコロナ対応が続く中、特に興味深い展開は『日本発!世界No.1ベンチャー』に登場している「株式会社ウエルネス」(大阪市・野村修之社長)のケースであろう。

メキシコから、同社のνG7量子水を用いて、コロナ患者の九八%以上が快復しているとの報告レポートが、日本に届いているためだ。

「ウエルネス」では独自に開発したνG7量子水装置が、ノロ・ウイルスを除去する効果があるとわかり、類似の特徴を持つ新型コロナウイルスにも有効であることから、欧米等、各方面に

「新型コロナウイルスにνG7量子水が効く」との情報とともに、νG7量子水（リバース水）製造装置「ヘキサゴン30」を提供してきた。

νG7（ニュージーセブン）は、様々な液体や気体を活性化させる特殊な六角形のコア「ヘキサゴンフィールドコンバーター（変換器）」である。その六角形のコアを複数組み込んだ活水器（νG7量子水製造装置）を通過した水は、水素の生成・殺菌力・脱臭効果・界面活性力などを持つ量子水になる。

二〇〇八年に日本とアメリカの特許を取得。その後、韓国、中国、オーストラリアの特許を取得。日本国内の他、世界各国で使用されている。メキシコもその一つである。

「ヘキサゴン30シリーズ」はさらに機能性の高いνG7量子水（リバース水）を大量に製造できる電動式装置である。

同装置による実験の舞台となったのは、メキシコ・プエブラ州にある「マシャック代替医療専門学校」および研究所だ。

実験のいきさつは、コロナウイルスの陽性・陰性を判断する簡便な検出法を探すため、分光器を利用。コロナ感染者の唾液を分光器にかけるための培養液をつくる際、量子水を使用したところ、コロナウイルスが弱体化したことからである。

その事実をヒントに、本格的な実験・治療への応用が進んできた。

快復率「九八%以上」というメキシコ・プエブラ州での実験

コロナウイルスに対する実験は、マシャック代替医療専門学校の研究部門リーダーのアンヘル・リアールロドリゲスDr（バイオテクノロジー博士）とセントラリ・ナノテックのオマール・テローネス・アギラールCOO（最高執行責任者）により実施された。

メキシコから届いた最初のレポートは「νG7活性化装置にさらされた水のSARS—COV-2（病名であるCOVID—19の原因となるウイルス名）に対する拮抗分析試験」という報告書である。

実験の目的は一つがコロナウイルス株に感染した大腸菌に対する量子水の影響（効果）を見ること、もう一つが量子水がコロナウイルスのリポタンパク質膜を破壊する能力があるかどうかを確認するというもの。

用意された量子水は「ヘキサゴン30」の処理時間、それぞれ一分、五分、一〇分、一五分、三〇分間の五種類を比較。一分間でも効果は大きいが、最終的に三〇分間回した水が、もっとも効果が大きいという結果になった。

結論として、報告書には「実験を進める度に最良の結果が出て、最良の治療法はT30（三〇分間回した量子水）であると結論づけられた」と記されている。

実験を担当したオマール氏からは「νG7量子水はウイルス量を減らすことができる」「COVID—19パンデミックに関して、νG7量子水を飲むことは有効である」とのメールが届いている。

実験でのコロナウイルスに対する有効性が確認できたことから、その後はνG7量子水による コロナウイルス治療が行われている。

マシャック代替医療研究所では、現地プエブラ州保健局とコロナ治療に関して、情報交換を続けている。

オマール氏から届いた報告では、州保健局の管理下にある、コロナ患者を受け入れている病院の治療は一般的な対症療法である。一方、マシャック代替医療研究所は量子水（飲用）、温熱療法、低周波磁器治療を組み合わせた独自の統合医療を実施している。

両者の患者数と快復率の比較結果は、二〇二〇年八月二七日時点では、一般的な対症療法による病院の患者数六五二六人に対する快復率は七七・七二％。一方、マシャック研究所の患者数一〇一人に対する快復率は九五・〇五％である。

一月後の九月二五日時点では、マシャック研究所のみのデータだが、患者数二五六人に対する回復率は九八・〇五％。最新のデータでは患者数三一二人に対する快復率は九八・三九七％と驚異的な効果を示している。

νG7量子水が有効な理由は、新型コロナウイルスの特徴に関係がある。

コロナウイルスには、エンベロープと呼ばれる脂質二重膜があり、周りに棘状のスパイクタンパクを持っている。このスパイクを通じてウイルスに感染し、人間の細胞と融合する形で、細胞内でタンパク質合成（増殖）していく。

コロナウイルスがアルコール消毒、界面活性剤、石鹸等に弱いのは、脂質の膜を溶かして、タンパク質合成を抑制するためである。

界面活性効果を持つνG7量子水も、同様に脂質を溶かしてエンベロープ内に浸透するため、ウイルスの活性を止める効果を生じる。

メキシコからの報告は、コロナ・パンデミックが深刻になる中、貴重な朗報であるはずだ。しかも、ワクチンでも薬でもない、水に機能性を持たせた安全な、いわば天然のワクチンである。

だが、残念なことに、いまのところ国内のコロナ感染者に使用された実績はない。

νG7量子水の効果、有効性については、昨年春、同装置の効果を客観的に伝えるために、実際に装置が導入されている施設など、多くの現場での体験談、大学等における学術研究データを集めた本『νG7量子水』（ヒカルランド）が出版されている。

本来であれば、新型コロナウイルスへの対応に関しても、日本の病院、研究施設などで利用されれば、一番いいわけだが、様々な事情から、まさに画期的なベンチャーにつきものの悲哀を味わわされる。結果、遠いメキシコでのコロナ治療に活用されるわけだが、その画期的なニュース自体が、これまた様々な事情によって、大手メディアでは紹介されることはない。そのため、折角の日本発の技術が埋もれたままになっている。

遠いメキシコにおける実績を、どう利用できるかは、今後の課題だが、例外が人間ではないが、東京の動物病院での新型コロナに感染したネコに関する実験であろう。

担当医師から「νG7量子水（リバース水）の飲用で、動物のコロナウイルスは八割以上の確率で、症状は圧倒的に改善します。一四例になりましたが、初期飲用で、二日程度で症状は全く消失しています」との報告が届いている。

いまからでも遅くはない。コロナ・パンデミックが続く世界で、日本発の技術がコロナ感染の予防そして治療に役立つ日が来ることを待っている。


最後に、本書はすでに記したように雑誌の連載「ベンチャー発掘！」がベースになっている。二〇年近く続いた雑誌の連載同様、小さな積み重ねが五冊目のベンチャー本になったのは、連載の場となった『エルネオス』の市村直幸編集長をはじめ編集担当者のみなさま、そのサポーター（応援団）ともいえるベンチャーの紹介者、取材に応じてくれたベンチャー企業、そして出版の労を担ってくれた三和書籍の高橋考社長並びに三和書籍のみなさまのおかげである。記して感謝を申し上げます。

本書が、世界の様々な課題の解決・解消を考える上で、いくらかでも役立つよう、一人でも多くの人々に読まれるならば、幸いに存じます。

二〇二一年 弥生　著者

【著者】

早川　和宏（はやかわ　かずひろ）

1948年生まれ。

立教大学経済学部にてマルクスの哲学および弁証法・マックスウェーバーの社会学を学ぶ。卒業後、社会派ジャーナリストとして活躍。心の変革、社会の変革を目標に掲げ、幅広いテーマに取り組んでいる。ひとりシンクタンク「2010」代表。

主な著書として『魔法の経営』『日本発！世界No.1ベンチャー』（三和書籍）、『会社の品格は渋沢栄一から学んだ』（出版文化社）『νG7量子水』（ヒカルランド）など。訳書に、ミナ・ドビック著『ミラクル』（洋泉社）などがある。

日の丸ベンチャー5
withコロナ時代のビジネスモデル改革

2021年　4月　14日　　第1版第1刷発行

著者　早川　和宏

発行者　高橋　考
発行所　三和書籍
〒112-0013東京都文京区音羽2-2-2
TEL 03-5395-4630　FAX 03-5395-4632
info@sanwa-co.com
http://www.sanwa-co.com
印刷所／製本　中央精版印刷株式会社

ISBN978-4-86251-423-3 C0034